戴晨志——著

人生有千萬個起跑點

Starting Point

本書為《天天超越自己》全新修訂版

自序

向生命的榮耀標竿，奮勇奔跑！

戴晨志

二〇一二年暑假，我帶內人與兩個孩子到美國底特律旅行。正在唸國中二、三年級的女兒和兒子，因受內人的調教，都是超級的棒球、籃球球迷，所以底特律的老虎隊球場，自然是我們必去的景點之一。

到了老虎隊棒球場，真是讓我們大開眼界，因為這座球場的外部造型，裝置著許多張牙、怒吼的老虎，或是牆壁上雕刻的老虎，嘴上都含著一顆白色的棒球，氣勢十分雄偉、震懾。

在藍天白雲的襯托下，抬頭一看，許多老虎都威武有神、虎虎生風；超巨大的球棒，屹立在入口處；而販賣部門口的左右拉門，也是用球棒的造型做成的……這對曾經去過十九個美國大聯盟職棒球場的我們而言，感覺自然是非常奇特、新鮮。

走在球場旁的街道上，我順手拍下一些掛在路燈桿上老虎隊球星的照片。

「爸，你別拍了，你拍德曼楊（Delmon Young）幹什麼？你真的很low、很外行耶！」兒子、女兒異口同聲地對我說。

「怎麼啦，拍他的照片不好嗎？他打球的姿勢不錯啊！」我說。

「拜託，德曼楊打擊率那麼差，表現很糟糕，你居然拍他的照片，很丟臉耶！你要拍，也要拍老虎隊最強的塞揚獎投手韋蘭德，他是美聯的MVP耶！不然，你也可以拍三棒強打卡布瑞拉，他是球隊的打擊、打點、全壘打的三冠王……」兒子很內行地對我說。

「對啊！不然你也可以拍四棒很強的左打費爾德，他幾乎每年全壘

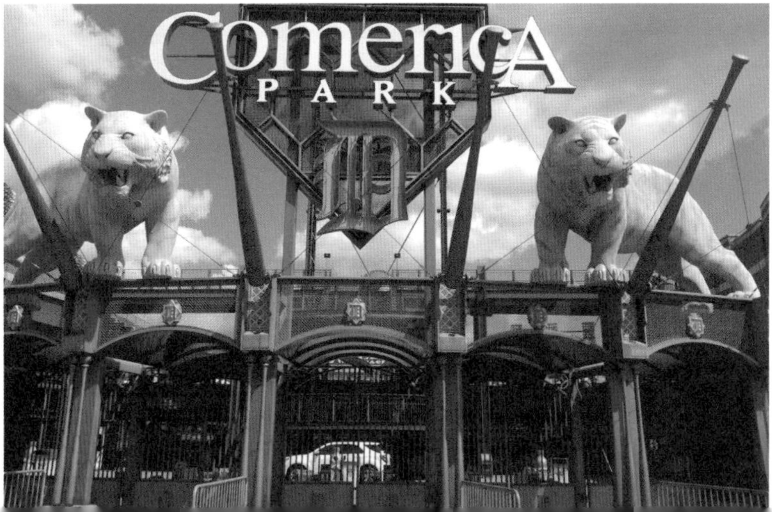

打都有三十支，打點都在一百分以上……」女兒對棒球明星也很懂，繼續說：「你看，販賣部裡賣的人頭球衣，或是搖頭公仔，都沒有德曼楊，你拍他的照片，真的很可笑耶！」

不過，回到台灣，三個月後，美聯冠軍賽結束了，老虎竟然以四比〇、四連勝的戰績，橫掃洋基隊，榮獲美聯總冠軍；內人笑著對我說：「你兒子、女兒現在不敢笑你了。」

「為什麼？」

「因為你在老虎球場外拍的德曼楊，竟然拿到了美聯冠軍賽的MVP！」

「真的？……」我平常忙碌，沒空看轉播，仔細一看——德曼楊在連續四場的冠軍賽，都打出了勝利打點，以二支全壘打、六打點、打擊率三成七五的佳績，贏得了美聯冠軍賽的MVP。哇，真的是太不可思議了！

德曼楊過去曾喝酒、鬧事，而遭到大聯盟禁賽，但，這也是他生命的轉捩點；他洗心革面、改變自己，也努力地將重心移轉回球場；而在季後賽、冠軍賽中，他展現了超強的打擊火力，也幫老虎隊殺進了世界冠軍大賽。

人生，雖有難過的低潮，但也可以創造最開心的高潮啊！

一個人，即使不被人看好，但也一定要「看好自己」！

只要有勇氣，就不怕沒戰場

從小，我就是個性很安靜的小孩，我父親生前常對別人說：「晨志啊，他就是很靜，不太愛說話……」

兩次大學沒考上後，我進了國立藝專唸書，總是強迫自己主動參加校內各項比賽，演講、詩歌朗誦、辯論；我想改變自己，我要讓自己勇於上台、勇於開口、勇於為自己創造機會。

在藝專一年級暑假，我們都上成功嶺，接受為期六週的大專生集訓。當然，那時的我和大夥兒一樣，都是理光頭的大頭兵；而且，剛到成功嶺時，我曾緊張得一星期都無法上大號，大不出來呀！

有一天，連隊的長官說，澎湖外海出現中南半島駛來的難民漁船，船上有許多

男女老少的難民，被政府安置在澎湖白沙島上。而在成功嶺集訓的大專兵們，每個營都要選派一名學生，到澎湖去探訪這些中南半島的難民，為期一星期；回來後，須寫心得報告，並給全營的官兵們做一場心得演講、分享。

這是民國六十八年的往事了。那時，連隊長官依受訓學生的表現，也看我經常主動開口、上台，就指名詢問我：「戴晨志，有沒有興趣？有沒有信心去澎湖，完成上級交代的任務？」

當時，大熱天在成功嶺受訓，出操、打靶、行軍，天天汗流浹背，苦得要死；一聽到有機會離開成功嶺到澎湖一遊，多開心，多爽快啊！我當然信心滿滿地說：「我願意、我願意……」

後來，我們一群被遴選、徵召的學生們，穿著軍服，手提〇〇七手提箱，搭著火車到左營，住一晚；又搭輪船到澎湖，去參訪那些從中南半島逃難出來、被安置在白沙鄉的難民

們，並順道一遊澎湖各風景名勝。回成功嶺之後，我也勇敢地面對全營弟兄，上台報告參訪的心得……

最近，有個前輩對我說：**「只要有機會，就要極力爭取，不要不好意思！」**

的確，機會，是爭取來的。不過，在爭取之前，必須讓自己擁有基本功、有實力，才能「被發現、被看見」。

「只要有勇氣，不怕沒戰場；只要肯努力，就會有榮耀！」

一個人，只要肯鍛鍊自我專長，則現在的「小成就」，都是將來「大成功」的起步啊！

記得已故前教育部長林清江先生，曾說過一句話：**「人生有千萬個起跑點！」**

這句話給我很大的啟發和鼓舞。

只要有心，隨時都可以振奮自己，改變自己，往生命的榮耀標竿奮勇奔跑！

本書謹借用林清江部長的名言，做為改版的新書名，來惕勵我自己和讀者們——隨時都可以突破自己，讓自我生命更精采、更美好啊！

＊本書原名：《天天超越自己》時報出版

Part 4 真正的愛，是讓對方快樂

Part 5 知足常樂，生活就是甜的

- 她揮手，微笑地說「來生再見」
- 只要有勇氣，就會有榮耀
- 成功的人，往往是傻傻做事的人
- 幸運，永遠跟隨勇敢實踐的人
- 成敗靠用心，輸贏靠細心

PART 1

勇於突破，活出漂亮自我

她揮手，微笑地說「來生再見」

人的生命，
要靠自己努力去彩繪

一個人漂亮，是老天賞賜；
名字好聽，也許會讓人更有自信，
但，這些都不是幸福人生的保證！
人的美色、名聲、權力，都難持久；
自己的一生幸福，
必須靠自己小心地努力經營啊！

每次大學聯考一放榜，或是新生來上課、點名時，都會出現很多眼熟的名字，例如：淑華、淑美、淑珍、怡君、欣怡、志強、建國……。這些通俗、常見的名字，有人俗稱為「菜市仔名」，常常出現在各種榜單上。所以，在大考放榜時，網路上就流傳著一份「菜市仔名排行榜」，而「陳怡君」則高居榜上前茅，一輸入名字查榜，竟然就跑出八、九十個「陳怡君」來，真好玩！

而在大陸，據說光是東北，就有五萬多個「李秀英」；在香港，也有五萬多個「黃志強」。

取名字，真是一門學問，也真有趣；而看別人的名字，有時也覺得很有意思。

報載，曾有一位醫學院教授，專教微生物學，他為人謙卑、幽默、風趣，課堂上學生人數總是爆滿。這個教授名叫「錢佑」，所以每次他來上課時，同學們就笑嘻嘻地大叫：「錢又來了！錢又來了！」

一些認識錢教授的商家朋友，也最喜歡他到自己店裡光顧，因為他們也能因著錢教授的到來，而大聲、吉利地喊說：「錢又來了！」

眾所周知，古代君王是不准許老百姓跟他同名同姓的，所以，傳說毛澤東入主中南海之後，就立即清查中國境內是否還有人叫「毛澤東」？

調查的結果，當時全中國沒有另一個人叫做「毛澤東」；不過，上海倒是有個人的名字叫做「毛澤西」！哈，一東一西，南轅北轍，不太相干，而這個人也因此逃過一劫，不用被迫改名。

其實，全世界人口幾十億，要取姓、取名，又要有區隔，真是不容易。而對我們來說，美國人的「名字」好像都大同小異，常源自於聖經中的人名。不過，美國人的「姓」，也是很有趣的！

例如，美國人中有人姓「蘋果」、「橘子」、「大米」、「小麥」、「玉米」；也有人姓「燻豬肉」、「火腿」；還有些人姓動物名，譬如「狼」、「狐狸」、「公雞」、「公鴨」。另外，也有人姓「瘋狂」、「掃把」，最令人訝異的是，居然有人姓「棺材」！

而咱們台灣也有不少怪姓，最近有一則新聞，內政部統計全國姓氏共一千五百一十七個，名字超過六個字的有近千人，包括「東、南、西、北」、「春、夏、秋、冬」、「甲、乙、丙、丁」、「年、月、日」、「大、中、小」、「多、少」、「真、假」、「是、非」、「厚、薄」、「酸、苦」、「公、母」、「開、閉」等特殊關聯姓氏，全都有人姓！

更有趣的是，有些人名字唸起來有諧音，很好記。像是有個男士名叫「朱玉嘉」，聽起來像「豬一家」，他的大女兒叫朱欣（豬心），二女兒叫朱惠（豬肺），小兒子叫朱偉（豬尾），全家名字都是和「豬」

相關的諧音。

那他老婆叫什麼呢？朱先生說老婆和他同姓，叫做「朱雪」（豬血）。哈，太好玩了！這位朱先生能以自己和家人的姓名來自嘲，真是幽默呀！

當然，名字是父母所取的，不管如何，我們都心存感謝。其實，名字好，不一定命就好！**有些人名字很普通，甚至有人認為很俗，但只要努力，也一樣可以很有成就，或成為名人呀！**

至於「林語堂」，本名叫「玉」堂，他為自己改名為「語」堂之後，成為著名的幽默大師。而傅抱石、齊白石、趙無極、林風眠，或是蘇東坡、陸游、曹雪芹、陶淵明……好像名字都很好聽，很有意境，可是別忘了，那些人全都是很有才華、也很努力，才能夠自成一家、名留千古呀！

激勵小語 **要有雅量，去接受不能接受的！**

有個男人要搭火車南下，太太到車站送行，當火車快開動時，他太太站在月台上依依不捨地揮手，嘴巴還微笑地說著：「來生再見，來生再見！」旁邊的人聽了，心裡都有點毛毛的，搞不懂她為什麼會笑笑地說：「來生再見！」原來，她老公叫「章來生」。

真的，有些名字真是有趣。有的人，姓楊，叫做「楊桃」；有的人姓花，叫做「花生」；有的男人姓吳，叫做「吳月金」。以前我的老師說，她有個同學，姓戴，叫做「戴乃照」，哈！有這麼「特別」的名字，想必每次自我介紹，都有不錯的笑果吧。

報載，一九七四年香港小姐奪冠佳麗名叫余佩芳，她覺得名字不太好聽，就改名叫做余莎莉，在戴上選美后冠之後，以性感女神之姿，躍身走紅影壇。

她住豪宅、開賓士車，穿世界名牌服飾，過著上流社會的奢華生活；許多富商闊少都希望能和她約會、吃飯，甚至捧著珠寶、鑽石，盼望能獲得她的青睞，一親芳澤。

可是好景不常，這種眾星拱月、人人稱羨的生活，只維持了兩年，情況就改變了。不知怎的，她的存款愈來愈少，昔日一堆追求她的人，也漸漸離去，日子每況愈下！

後來，她步入中年，記者在香港蘭桂坊看到她，臃腫邋遢，成了流動首飾小攤販，過去雍容美麗、苗條動人的倩影，早已不再！

唉，人生今昔相比，有時會令人感慨滄海桑田！當然，人漂亮，是老天賞賜；名字好聽，也許會讓人更有自信，但，這些都不是幸福人生的保證！

激勵小語　要有智慧，去分辨能改變與不能改變的！

真的，外貌、美色、名聲，甚至權力，都很難持久；自己的一生幸福，必須靠自己小心地努力經營啊！

所以，美國佈道家尼布爾曾有一段知名的禱告辭說：「神啊，請賜給我勇氣，去改變能改變的；請賜給我雅量，去接受不能接受的；同時，也請賜給我智慧，去分辨哪些是可以改變，哪些是不能改變的。」

當然，現在的人若覺得名字不好，是可以更改的，可是，改了名之後，命運不一定就會更好；人的生命，都要靠自己勇敢去追尋、努力去彩繪呀！

只要有勇氣，就會有榮耀

「勇敢，是生命的力量」

與其默默地接受失敗，
不如勇敢開口請求，
就會有「突破、轉進」的機會。
哪怕是機會只有百分之一，
也可能為自己「扭轉命運、反敗為勝」。

記得曾在報上看過一讀者寫的一篇短文，其中提到，他年輕時，曾陪著妹妹去報考國立藝專音樂科聲樂組。這個哥哥會彈鋼琴，所以就理所當然地幫妹妹擔任伴奏。

一到考場，這妹妹心情非常緊張，因為要面對五位教授拉開嗓門唱歌，真教她心情怦怦跳；不過，哥哥告訴妹妹，不要緊張、放輕鬆，只要儘管唱，不管唱快或唱慢，他的鋼琴伴奏都會全力配合。

考試時間終於到了，輪到妹妹上台了。妹妹站到台上，深深地吸了一口氣，也給在旁的哥哥一個眼神，於是，哥哥的前奏開始了……

聽到前奏後，妹妹開口唱出了：「燕子啊——」妹妹的歌聲真的很嘹亮，可是……怎麼突然間，歌聲停止、不唱了呢？

此時，會場的氣氛凝住了，在場的人，眼睛全都盯著台上的妹妹。可憐的妹妹，太緊張了，只唱了「燕子啊」三個字，就忘詞了，下面該怎麼唱，全都忘光光。而坐在旁邊彈琴的哥哥更是焦急，看著妹妹傻愣在台上，心想：唱啊，趕快唱啊，怎麼不唱了？拜託，妳練了三年的聲樂，怎麼只會唱三個字而已？

就在妹妹紅著臉，準備要下台的那一刻，這擔任伴奏的哥哥從鋼琴椅上站了起來，疾步走到評審前面，向五位評審深深地一鞠躬，然後說：「對不起，可不可以再給我妹妹一次機會？」

哥哥話一說完，沒等評審說「好」或「不好」，就一個人快步走回鋼琴旁，坐了下來，又開始彈起前奏。這一次，妹妹放鬆心情，重新嘹亮地唱出：

「燕子啊，聽我唱個我心愛的燕子歌，
親愛的聽我對你說一說，燕子啊！
燕子啊，你的性情愉快親切又活潑，
你的微笑好像星星在閃爍，啊——
眉毛彎彎、眼睛亮；脖子勻勻、頭髮長，
是我的姑娘，燕子啊……」

激勵小語　實踐，是成功的開端。

哇，這妹妹把這首新疆民謠，從頭到尾、毫無瑕疵、毫無忘詞，一氣呵成地唱完了。考完試，哥哥陪著妹妹回家等放榜。過一段時日後，妹妹接到成績單時，高興得跳了起來！為什麼？因為她以高分考上國立藝專音樂科聲樂組；而這所學校，也就是我以前唸過的母校。

看到這個故事，我心中十分感動。妹妹考上國立藝專，最大的功臣是誰呢？當然是哥哥！為什麼？因為哥哥有「勇氣」！我佩服這擔任伴奏的哥哥，在妹妹忘詞的情況下，竟有如此的膽量，主動、勇敢地走到評審面前，請求評審再給予妹妹一次機會！

說真的，如果當時妹妹只唱了「燕子啊」三個字，就赤紅著臉下台，她絕對考不上藝專音樂科；可是，因著哥哥「敢於開口，勇於創造機會」，終於逆轉形勢，化不可能為可能，為妹妹爭取「再來一次」的契機。

所以，「只要有勇氣，不怕沒戰場；
只要有勇氣，就會有榮耀！」

人們所缺乏的，常常就是「勇氣」。我們總以為「啊，算了，放棄算了！」可是，「放棄，只要一句話；而成功，卻需要一輩子的堅持啊！」

品人生．微講堂

有人說，「成功的人，總是創造機會，好上加好；
失敗的人，總是恐懼退卻，拒絕嘗試。」

其實，每個人都可以為自己創造機會，進而逆轉情勢！因為，與其默默地接受失敗，不如「開口請求」，就會有「突破、轉進」的機會。

人，只要誠懇、謙虛地開口，就一定會有機會；哪怕是只有「百分之一」的機會，也可能為自己「扭轉命運、反敗為勝」啊！

在一些演講場合，我會當眾唱著這首「燕子」。其實，我原本不會唱這首歌，但我請朋友幫忙找出這首歌的歌譜、歌詞，我也試著學唱這首歌；走路時唱、開車時也唱，我像瘋子一樣，不停地唱！說真的，我至少練習過兩百次以上，所以，您說，我站在台上唱這首歌時，會忘詞嗎？應該不會！因我已經背得滾瓜爛熟，想忘詞，都不太容易呀！

我相信，每個人都應該「把感動化為行動」，才能成功；若空有「感動」，卻沒有「行動」，又有何用？因此，成功不是靠「夢想」，而是靠「實踐」啊！

有一天，我到一所大學演講，結束後，該校學生會總幹事送我回到車上。在途中，這帥帥的學生對我說：「戴老師，我要謝謝您，因為，您是我最崇拜的老師，您的書一直鼓勵我、教我成長……」

「噢……怎麼說呢？」

「戴老師，您在書上說，『只要開口，就有機會；只要站出來，就是自我挑戰』……」這學生看著我，笑笑地對我說：「所以我就勇敢出來競選學生會總幹事，後來就選上了！」

「哇，你真是太棒了！」我心裡真是為他感到高興。

真的，「勇敢，是生命的力量；實踐，是成功的開端！」

不管生命中有多少挫折或意外，我們都要「做自己生命的啦啦隊」，勇敢地向自己挑戰，讓自己的生命更有意義、更加光彩啊！

成功的人，往往是傻傻做事的人

人有潛力，
不學不會，學了就會

唯有努力學習，才能壯大自己；
唯有勤於學習，才能造就自己！
每個人只要找到自己的興趣，
專心投入、沒有二心，
而且每天投入時間超過十小時，
哪有不成為專家的道理？

報載，大陸烏魯木齊有位彭小姐，在市場花五十元買了一隻剛出生的小鸚鵡，帶回家飼養。這隻鸚鵡非常聰明，很會學主人講話，不到半年，牠就學會說一些日常用語，例如：「你好、再見、恭喜發財、萬事如意……」

當彭小姐教兒子唸唐詩、英語時，小鸚鵡就在一旁聆聽，久而久之，牠也學會了一些唐詩。當彭小姐的兒子開口唸唐詩時，鸚鵡就學著搖頭晃腦地背著：「春眠不覺曉，處處聞啼鳥，夜來風雨聲，花落知多少？」

除此之外，只要兒子開始唸「床前明月光……」，鸚鵡就會跟著唸：「疑是地上霜，舉頭望明月，低頭思故鄉。」

哇，這鸚鵡真棒！不是嗎？而且，當主人跟牠說「Bye Bye」，牠也會馬上以「Bye Bye」或「Thank you」等語來回應，讓人聽了覺得好可愛！

後來，彭小姐家裡又買了一隻九官鳥，也是會學人說話，牠和鸚

唐詩
三百首

鵡在籠子裡住久了，耳濡目染，就跟著鸚鵡背起了唐詩；兩隻鳥一搭一唱地唸唐詩，說國語、英語，真的是奇特無比呀！

而在美國，也有一隻六歲、名叫恩基斯的非洲灰鸚鵡，牠居然能夠使用「九百五十個英語詞彙」來說話，甚至還能分辨過去式、現在式和未來式。更絕的是，牠能和小朋友一樣，發揮創意來描述自己的想法。

例如，聞到主人的香精油味道時，牠會脫口而出：「好香的味道哦！」而看過珍古德博士和猩猩在一起的照片後，有一次當牠真的見到珍古德女士時，就對她說：「妳有帶著猩猩嗎？」哇，真厲害，是不是？

看了鸚鵡學舌這麼有趣的報導，讓我突然想起，當我在印度旅行時，看見千年舊皇宮的樹梢上，有許多漂亮鳥兒成群地飛來飛去。牠們的羽毛顏色十分鮮豔，我不禁問導遊：「那是什麼鳥？」導遊說：「是鸚鵡啊！」

哇，好漂亮的鸚鵡呀！可是，鸚鵡不都是關在籠子裡嗎？

不，導遊說印度的樹林裡有很多鸚鵡，牠們都是在大自然的樹林中，自由自在地飛翔！

可是，在樹梢飛翔的鸚鵡會不會講話呢？不會！因為沒有主人教牠講話。

鸚鵡，是有模仿人講簡單會話的能力。牠學了，就會；不學，就不會！

人也是一樣，也潛藏著許多能力，學了，就會；不學，就不會！

聽說，有一便利超商的主人養了一隻鸚鵡，每當客人進門時，鸚鵡就會喊：「歡迎光臨！」而當客人離開時，鸚鵡就會喊：「謝謝光臨！」哇，真是機伶、可愛啊！

後來，有一個頑皮小男孩，覺得鸚鵡會講話很新鮮，故意走進超商的電動門，鸚鵡就喊：「歡迎光臨！」男孩一離開電動門，鸚鵡就喊：「謝謝光臨！」

調皮的小男孩不斷地一進一出，讓鸚鵡不停地喊：「歡迎光臨、謝謝光臨；歡迎光臨、謝謝光臨……」

小男孩覺得這樣很好玩，可是鸚鵡受不了了，最後牠大喊一聲：「老闆，有人在玩你的鳥哦！」

品人生．微講堂

報載，有一個國中唸放牛班的學生，名字叫做林育宗，他原本只想當個水電工，可是在技藝班就讀時，整天配管、配線，不斷地學習，卻讓他玩出了興趣，後來拿到台北縣「國中技藝賽冠軍」，而保送海山高工。

其實，在一般人的眼中，高工職校並不是很好的學校，可是林育宗找到了興趣，努力吸收、學習，不放棄自己。他不想只當個水電工，也不想每天冒險爬電線桿當配線員，所以之後又唸了二專，並發憤考上龍華科技大學電機系。

畢業後，林育宗在家K了一年的書，報考了九個大學研究所，結果全部都被錄取，而且還是台大、交大、成大、中正……等六校電機相關研究所的「榜首」。

後來，林育宗放棄台大，選擇了交通大學。他說，職校生若想和知名大學的畢業生一拚高下，一定要「克服惰性」，不但要找到興趣，還要堅持到最後，尤其英文一定要學好，才不會後悔。

而他的指導教授說：「林育宗或許不聰明，但他非常認真，常

激勵小語 唯有勤於學習，才能造就自己。

常埋頭傻傻地做事、看書，只要教授交代的事，他一定努力做，十分專注、執著，也經常在實驗室待到很晚，這些都是e世代年輕人少有的特質。」

的確，成功的人，往往不是最聰明的人，而是肯努力學習、傻傻做事的人！

事實上，「人唯有努力不懈，才能壯大自己；唯有勤於學習，才能造就自己！」

每個人只要找到自己的興趣、專心投入、沒有二心，而且每天投入時間超過十小時，哪有不成為專家的道理？

幸運，永遠跟隨
勇敢實踐的人

吉不吉利，
都在自己的一念之間

**「4」這個數字很好啊，
在音樂簡譜裡不是唱ㄈㄚ嗎，
我天天在「大發」，怎麼會不吉利？
人的成功是靠「實力」，
而不是靠「吉不吉利」，
命運，是用腳努力走出來的呀！**

世界各國、各民族，似乎都有自己的迷信或是禁忌。譬如說，咱們台灣，大部分人都不喜歡「四」，因為四與「死」的諧音相近，所以很多醫院、旅館就自動把「四樓」的標記拿掉，電梯裡也沒有4的按鈕。

可是，在其他國家，他們的「四」沒有「死」的諧音，自然對「四」就沒什麼禁忌，有些反而相當喜愛「四」這個數字。在美國、加拿大、巴拿馬……「44」的車牌號碼滿街跑；我在埃及，也曾經看過一輛車的車牌號碼是「4444」，好拉風哦！我相信，那一定是車主千辛萬苦才標到的最好車牌。

在中國大陸和香港，也是很多人不喜歡「四」，而最喜歡「八」，因為「八」和「發」的發音相近！可是，聽說有一個愛唱歌的人，他最喜歡的幸運號碼就是「4」，若有機會選擇號碼，他一定選「4」、「44」或「444」。

這是為什麼呢？大部分華人都避之唯恐不及，而他為什麼要選

「4」呢？愛唱歌的人說：「你有沒有看過音樂會的簡譜，『1、2、3』的簡譜怎麼唱？不是唱Do、Re、Mi嗎？那『4』呢？不是唱ㄈㄚ嗎？所以我喜歡『4』，那就表示『我發、我發、我發發發』，我天天都在『大發』呀！」

哈，「4」就是唱ㄈㄚ，那人不就發了嗎？還有什麼好禁忌的呢？

相對地，西洋人對「十三」是不喜歡的，在北美、歐洲，或是巴拿馬人，都忌諱「十三」。為什麼呢？有人說，是因為中古世紀時，犯人被判處死刑，要上絞刑台時，必須走「十三個台階」；而走完十三個台階，頭就要被套上繩索絞死，很不吉利，所以後來大家就很不喜歡「十三」。

另有一說，是聖經上的記載，耶穌基督在「最後的晚餐」中，與十二個門徒在一起吃飯，耶穌加上十二個門徒，一共是「十三個人」；

激勵小語　**成功靠的是「實力」，不是「吉不吉利」。**

而耶穌在吃完晚餐後，就被羅馬的士兵逮捕，最後被釘上十字架、殉難，所以他們認為「十三」是不吉利的數字。

而在人口百分之九十信仰天主教的巴拿馬，他們許多的大樓電梯，就沒有「十三樓」的按鈕，跟我們不喜歡「四」、沒有「四樓」是一樣的。

真的，各地區都有自己的禁忌。在泰國有些地區，人們忌諱睡覺時「頭朝西方」，因為太陽從西方落下，黑夜就馬上來臨，所以頭朝西方睡，象徵著「黑夜般的死亡」！而他們的傳統習俗是在棺木上以「紅筆」寫著死亡者的姓名，所以泰國人也忌諱以「紅筆」來簽名！

另外，在法國有些地區，人們絕不從梯子下面穿過，因為他們相信，這樣會帶來「霉運」。而且，家裡的鏡子千萬不能打破，因為鏡子裡有人們的影像，鏡子一旦破碎，代表人的靈魂也會破碎；更糟糕

的是，鏡子若破了，破鏡難以重圓，那也意味著，破滅的靈魂就沒有機會回來了！

其實，忌諱或禁忌，只是人們自己「想出來」或「造出來」的一種說法，信者恆信，不信者恆不信！而那些禁忌，是不是真的有詛咒功效，似乎也沒有。

事實上，人們的行事作為，靠的是「真誠、實踐、毅力」，而不應被以訛傳訛的「禁忌」和「迷信」所綁手綁腳、自我設限。

品人生．微講堂

以前有所小學，在新生入學時，一位家長就要求老師，不要把自己孩子的座號編在「四十四號」。可是，一個班級的學生將近五十人，總一定會有四十四號呀，如果不編四十四號，那這個號碼要給誰？

但這位家長十分堅持，還透過民意代表向學校施壓，要求「非改不可」！您說，這老師該怎麼辦呢？最後他只好徵求一個「自告奮勇、不信邪」，座號是「三十八號」的同學來對調！唉，這真是超級迷信呀！難道「三十八」會比「四十四」來得好、來得吉利、來得聰明嗎？

有一位神機妙算的老師，很會測字，他能從一個人所寫的字，猜出對方的問題。曾經，有位女學生在桌上寫了「山」字，直直地推給老師，老師看了看，對這女學生說：「妳爸爸的生意失敗了，而且敗得很悽慘、很徹底。」

女學生問：「為什麼？」

老師說：「因為從我這邊看過去，『山』是倒的，所以我想妳父親的事業倒了！」

激勵小語　命運，是用腳努力走出來的。

這時女孩眼淚盈眶，好像心事被老師猜中了，於是，她把「山」字擺正，再推回給老師。

老師說：「哈，太棒了，這不就是『東山再起』嗎？」

女孩一聽，破涕為笑。

此時，剛好有另一同學坐到旁邊，老師說：「妳看，現在『山』變成『仙』了，妳爸爸不久就會有仙人、貴人來相助了！」

哈，字怎麼測、怎麼說，真是有意思。

可是，命運不是「用說」、「用寫」的，命運是「用實踐、用腳走出來」的！

所以，不必相信「幸運數字」，也不必避諱不吉利的數字。

因為，「幸運」永遠跟隨著勇敢實踐的人呀！

成敗靠用心，輸贏靠細心

快樂工作，人生就是天堂

人，做什麼事情，
都必須小心翼翼、全心投入，
不能粗心大意，輕率疏忽！
所以，一小球后說，她最大的沮喪，
就是打球「輸給不該輸的對手」，
而且輸的比數還是「很離譜」的那一種。

外電報導，在巴西小城阿納馬，有一位足球裁判卡洛斯，他應邀擔任一場友誼賽的裁判。足球場很大，兩隊球員都很盡力地不斷製造機會，踢攻對方的球門；而卡洛斯也很盡職地全場奔跑，注意哪位球員犯規？是否踢人或越位？

咦？那個後衛犯規了，他有明顯的鏟人動作！「嗶！嗶——」卡洛斯抓到一個犯規動作，立即大吹哨子。這真是不應該，怎麼可以有「用腳鏟人」這麼危險的動作？故意絆倒別人，萬一出意外怎麼辦？於是，卡洛斯立刻判斷，要把那位用腳鏟人的球員逐出場！

足球場那麼大，裁判的判決是以舉牌來表示的。當時，卡洛斯毫不猶豫地從身上掏出「紅牌」，高舉在手上，判定犯規球員離場。

可是，當卡洛斯高舉著「紅牌」時，他發現，紅牌怎麼變成軟絲質的？而且，全場觀眾和球員都哄堂大笑。

怎麼搞的呢？卡洛斯仔細一瞧——咦？我手上的紅牌，怎麼是「一條惹火的女性性感內褲」？

這時，犯規被罰的後衛一頭霧水，他不知道裁判拿著一條「性感紅內褲」高舉在手上，到底是什麼用意？不過，當他看到裁判用堅定的態度和手勢，指向場外時，他終於明白，自己已經被「紅色內褲」判罰出場了！

看到這個球員摸著鼻子被判出場，全場的觀眾更是笑彎了腰！而這名糊塗的裁判，一時也愣在那裡，他紅著臉，把高舉在手上的紅色內褲緩緩地放了下來。

不久之後，這個消息很快就傳遍了小城，當然也傳到裁判妻子的耳朵。

「啊？什麼？他舉紅牌，卻掏出一條性感紅女內褲？」妻子一聽，大為光火，醋勁大發。當卡洛斯回家時，妻子甚至把門反鎖，不讓他進門！

激勵小語　成敗靠用心，輸贏靠細心。

儘管卡洛斯苦苦哀求、再三解釋——那條紅色內褲，是為十六歲女兒所買的，但是妻子根本就不相信，因為他不曾為女兒買過內褲！之後，妻子不願意再當別人的笑柄，就向法院提出了離婚訴訟。

看來，在當裁判之前，必須先仔細、用心、認真地檢查自己的口袋、褲袋，免得一時之間，掏錯東西出來，就會很難堪啊！

品人生．微講堂

有一天，出版社企劃同仁告訴我：「戴老師，那個詹詠然是你的超級書迷耶！她對記者說，她最想見的人，不是總統，而是你耶！」

啊？誰是「詹詠然」，我並不十分清楚；不過，好像曾在報紙上看到她很大的照片。噢，原來她是澳洲網球公開賽青少年組雙打冠軍，也就是「球后」啦！

後來在出版社的安排下，我和詠然，以及她媽媽見面了。一見面，高䠷、苗條的詠然，紅著臉、害羞地對我說：「戴老師，你瘦了！」

我一聽，哈哈大笑！我確信，她真是我的忠實書迷，因為這是我和讀者之間的「暗語」；我在書中說，我要減肥，所以「真讀者」見到我時，一定要對我說：「戴老師，你瘦了！」哈！

在這場面對記者的見面會上，最讓我感動的是，詠然的「細心」與「用心」！

過去詠然家住在東勢鎮，可是多年前的「九二一大地震」，讓她家上千萬的財產化為烏有。然而，家園的巨變，並沒有減低詠然對網球的熱愛；她媽媽劉雪貞女士更是疼愛女兒，一心一意想幫助女兒走出陰霾，於是將我的拙作《人際溝通高手》送給她，也讓詠

激勵小語　贏家永遠有一個計劃，輸家永遠有一個藉口。

然從此成為一個愛書人。

更讓我驚訝的是，那天詠然和媽媽一起出示了她們母女各自的「筆記」，把我書中的重點和精華詞句，都用手抄的方式，寫在筆記簿上。甚至，詠然還在記者的要求下，站起來琅琅背出其中的詞句——

「信念造就一生，堅毅成就美夢。」

「想法的大小，決定成就的大小。」

「贏家永遠有一個計劃，輸家永遠有一個藉口。」

「成功唯一的秘訣，就是撐到最後一分鐘……」

詠然羞澀地背著一句句的激勵小語，並透露出國時都會帶著我的書，以及自己手抄的筆記，隨時在比賽關鍵時刻用來激勵自己。而她的筆記，已經記錄整整三本了！

哇，坐在詠然的旁邊、看著她的筆記，我真是感動！我看過很多我的書迷，但像詠然一樣如此細心的讀者，倒是首次見到。

人，做什麼事，都必須小心翼翼、全心投入，不能粗心大意、輕率疏忽！所以，詠然說她最大的沮喪，就是一不小心，打球「輸給不該輸的對手」，而且輸的比數還是「很離譜」的那一種。

真的，「成敗靠用心，輸贏靠細心」，不是嗎？

在記者會上，我看到她筆記上抄寫著：「縱使父母曾痛心地大罵、甚至責打我們，但我深信，責罵我最多的人，就是成就我最多的人——只要我虛心接受。」看到這一段，我好感動。如此用心、細心學習，做事絕不馬虎的孩子，將來一定會成功！

激勵小語

責罵我最多的人，就是成就我最多的人。

- 不向命運低頭，要麻雀變鳳凰
- 當陽光照耀時，就該微笑
- 好運總喜歡光顧樂觀的人
- 我願乘長風、破萬里浪
- 平凡人也有「快樂天堂」
- 要賣力工作，不要賣命工作

PART 2

樂觀積極，就能發光發熱

不向命運低頭，要**麻雀變鳳凰**

把每一次挫折，
化為一次次的機會

美國作家海理耶．史托威說：
「當你感受到壓力，
沒有一件事情順利，
似乎連一分鐘都撐不下去時，
你千萬不要在那個時候放棄，
因為，那正是你即將轉運的時刻。」

多年前，我有機會被邀請到中國西安演講。西安是個古城，以前叫做長安，曾經是許多朝代的首都，所以到處可見歷史悠久的城牆遺跡。當然，陝西省的歷史博物館、華清池，也都是值得一遊的地方；更重要的是「西安兵馬俑」，它被譽為「世界十大歷史奇觀」，更是遊客不可錯過的景點！

其實，兵馬俑被發現是極為偶然的。一九七四年三月，當地農民楊志發兄弟在挖井時，挖到了一些古代士兵的俑頭和陶片；看到這些古物，兄弟倆將它們裝了兩車，連夜拉到縣裡，交給縣文化館。

當文化館長仔細看過這些剛出土的兵馬俑頭、腳，斷定是兩千多年前的古物，大為驚訝，也喜不自勝，立刻收下古物；而為了感謝這兩位農民的辛勞，館長摸遍了全身，拿出當月的全部工資三十多元，交給楊志發兄弟。

事實上，那三十多元獎勵金，對貧窮的楊志發兄弟來說，是一大筆金錢，可是忠厚的楊家兄弟不敢獨吞，就將這筆錢上交給了生產隊隊長。

幾年後，「西安兵馬俑博物館」落成，成為全世界矚目的歷史文物焦點，吸引無數的觀光客前往參觀，使得原本極為貧窮、落後的鄉下小村，變成人潮洶湧的觀光聖地，也為陝西省帶來巨大的財富！

然而，楊志發兄弟呢？這對不求功、不求財的老實兄弟，似乎沒有人記得他們，他們仍住在下河村的自家茅草土屋裡，盡本分地當個農民，天天到田裡從事生產。

一九九八年，美國總統柯林頓訪問大陸，他的第一站，不是北京、上海，而是西安；當他參觀兵馬俑奇觀時，大為讚嘆，也要求會見這偉大歷史奇觀的發現者！

啊，要見老農民楊志發？楊志發住在茅草屋裡啊！可是人家柯林頓要求見他，總不能拒絕呀！於是，陝西政府官員立刻將年逾七十的

楊志發，從茅草屋裡請出來，穿上新衣去見柯林頓總統。

見到柯林頓，聽不懂英語的楊志發，顯得有些尷尬和靦腆；只是，柯林頓十分稱讚他，並請楊志發為他簽名留念。

「啊？要我為美國總統簽名？我不敢！」楊志發老先生說什麼也不敢、不願意。

為什麼？因為他沒唸過書，不會寫字！不過，後來在現場人員的引導下，楊志發在簽名本子上，畫了三個小圓圈。

之後，陝西省省長指示下屬，安排當地最有名的書法家教楊志發寫字，而且只練寫自己的姓名。經過幾個月的苦練，楊老先生的簽名已經很漂亮！他同時被任命為兵馬俑博物館的「名譽館長」，月薪八千元；如果他每個月坐在館內十天，並為遊客簽名，還可以多領好幾千元的津貼。

當我在西安兵馬俑博物館的文物店內購買紀念品時，看見楊志發老先生，正坐在桌前為遊客簽名。年邁白髮的他，精神奕奕地在紀念冊上，勇敢地簽下自己的名字！哈，好可愛的一位老先生！

「發現兵馬俑」，是他生命的驚奇點，也造就了偉大世界奇觀！「柯林頓要求簽名」，更是他的貴人，讓卑微無欲的他，勇敢地從茅草屋裡走了出來，也改寫了他的命運——一個「麻雀變鳳凰的命運」！

品人生．微講堂

人生的道路，有時是在自己的計劃中，步步為營、平順走過；有時則是一連串的意外、驚訝或不小心所串聯而成。然而，即使是突來的意外，或逆來的困境，只要相信自己，不相信「命是天注定」，就可以讓一副意外的「壞牌」，打成教人刮目相看的「好牌」！

激勵小語　生命中處處有驚喜、時時有轉機、人人是貴人。

真的，不向命運低頭的人，就可以使生命的能量源源不絕、永不枯竭！因為，生命之中，「處處有驚喜、時時有轉機、人人是貴人。」只要肯定自己、相信自己、堅持真心，也在逆境中樂觀以對，那麼，生命的機會和好運就會到來。

所以，美國作家海理耶．史托威說：「當你感受到壓力，沒有一件事順利，似乎連一分鐘都撐不下去時，你千萬不要在那個時候放棄，因為，那正是你即將轉運的時刻。」

的確，我們的身邊，時時有機會、人人是貴人！只要我們謙卑地多學習、多請教，好運自然會翩然降臨。

所以，「樂觀的人，在憂慮中看到機會；悲觀的人，在機會中看到憂慮。」

我們要把每一次的不幸和挫折，都化為一次次的機會呀！

當陽光照耀時，就該微笑

勇敢向上帝爭取
「自己所想要的」

我們的生命，都要在逆風中飛揚；
即使有苦難，也不能放棄自己！
有時，我們有悲痛，
而躲在牆角裡哭泣，
但，在朝陽升起時，
我們就要用微笑，迎向陽光！

三年前有篇外電報導，說印度有個叫做歐姆卡里．龐瓦的七十歲老阿嬤，在七十七歲老公的支持下，賣了水牛，把田地拿去貸款，還辦信用卡向銀行借錢，以人工受精的方式懷孕，產下一對各重約九百公克的龍鳳胎。

其實龐瓦夫婦原本已經有兩名成年女兒、五名可愛的外孫，但為了想要生個男丁，幫忙家裡種田，也寄望兒子成年後能靠婚姻獲得豐厚嫁妝，到處求神問卜，最後仍藉醫學科技的協助，再添一雙子女。

歐姆卡里在接受訪問時說，懷孕期間雖然很辛苦，不過她生過孩子，知道會發生什麼事，「有時候，你得先受苦，才能享受甘美果實。」

哇，她這句話說得真好啊！

無獨有偶地，最近又有一則新聞報導，六十一歲的巴西老太太愛絲蒂，想當媽媽想了幾十年，一直沒能如願，後來借助一枚冷凍十年的受精卵，成功懷孕，在日前生了一對雙胞胎，總算圓了自己的夢想，也改寫南美最高齡生產的記錄。

在美國的南達科他州，有一位二十五歲的少婦特麗許，結婚之後一直沒傳出喜訊，就醫檢查才發現，她從生下來就沒有子宮，當然沒辦法懷孕生子。

特麗許與先生麥克曾經試圖領養小孩，可是卻遭遇許多困難，後來特麗許靈光一現，突然想到——是不是可以找自己的母親當「孕母」，為自己生下小孩？

啊？要借母親的肚子，代為懷孕九個月，來「生下孫子」？這樣可以嗎？法律容許嗎？道德適宜嗎？母親願意嗎？

不過，母親鄧恩女士聽了女兒的想法後，覺得這沒有什麼不可以的。因為女兒天生沒有子宮，無法懷孕；而她自己，才四十八歲，還

可以生育！所以，只要上帝願意，她也願意為女兒孕育後代。

經過家庭協調，取得醫生同意之後，醫生在鄧恩女士體內植入兩個受精卵；這兩個受精卵，是由女兒的卵子和女婿的精子所結合而成。醫生說，這樣的人工受孕，有百分之五十的機會能得到一個孩子。

經過九個月懷胎，鄧恩女士終於要分娩了。醫生為她剖腹生產，哇，竟然兩個小女嬰都順利出生，一個重兩千八百公克，另一個兩千兩百公克，母女均安！噢，不，應該說是「外婆」與「外孫女」都很平安！

產後鄧恩女士表示，她很高興為女兒擔任「孕母」

的角色，生下一對「雙胞胎外孫女」。她們理應到這個世界上來，只是女兒沒有子宮，不能如願，而她願意為女兒、為小外孫女做任何事。之後，因著兩個小外孫女的到來，使得他們的家庭變得更完整、沒有缺憾，更有歡笑！

哇，「外婆生下外孫女」，也真是現代的奇蹟啊！

當上帝忘了在媽媽身上放入子宮時，外婆因著愛，自告奮勇地向上帝極力爭取，而換來兩個可愛的小孫女，真是可敬可佩呀！

品人生．微講堂

在大陸瀋陽，有一個「超級迷你人」，他二十歲，可是身高只有六十七公分，體重更只有五公斤。您想想看，二十歲的青年，身高體重大約和兩三歲的幼童一樣，嬌小玲瓏，真是不可思議呀！

有趣的是，這大玩具般的真人，他的真名就叫做「丁巨人」，因為他出生時，只有兩公斤，父親期待他將來可以長得又高又壯，所以特別取名為「巨人」，不料二十年來，他只長到六十七公分。

雖然丁巨人個子小，卻沒有阻止他學習的決心，現在他會做雜技、武術和魔術表演，經常參加舞台和電視節目的演出。也正因為他是「亞洲最小的迷你人」，在海內外各地演出時，總是大家注目的焦點。

在山西，也有一位三十六歲的張俊才，他身高兩百四十二公分，是「亞洲第一高人」；他住的房子屋頂高三公尺，睡的床長度有兩百五十公分。另外，他的腳掌長三十八公分、寬十八公分，穿的鞋子都必須訂做，而且手掌很大，有如扇子一般。

天哪，這麼高的巨人，走來走去，一定很不方便，是不是？可是，沒辦法，上帝跟他開了個玩笑，讓他長成如此高大。

前一陣子，張巨人獲邀出席深圳的產品展覽會，為一家公司促銷產品；當張巨人通過大樓大門時，因為長得太過高大，不得不彎腰低頭，才進得了大門。

有時，上帝可能是在打瞌睡，所以，一不小心，就把人造得如此嬌小；或是，把人造得那麼高大、雄偉！也有時，上帝忘了幫女人裝上「子宮」，甚至，也忘了幫孩子裝上「肛門」，而使幼兒成為無肛症患者……

真的，上帝無法周全地讓每個人都享有公平的對待，因此，世間的人，有美、有醜、有病痛、有殘缺、有聾啞、有眼盲……可是，人該怎麼辦呢？

報載，淡江大學有一女生林玉娟，九二一大地震時被壓在瓦礫堆下，失去了一條腿；可是，當她重新回到校園上課時，她燦爛的笑容、可愛的虎牙，彷彿不帶有一絲陰影和哀傷。她說：「當陽光照耀的時候，就該微笑！」

我們的生命，都必須在逆風中飛揚！即使有苦難，我們都不能「拒絕自己、放棄自己」；有時，我們有悲痛，躲在牆角裡哭泣，但，別忘了，「當陽光照耀時，我們就該微笑，用一身的朝氣，迎向陽光！」

激勵小語　即使有苦難，也不能放棄自己！

好運
總喜歡光顧
樂觀的人

低潮時，
要露出「百分百的笑容」

我的小乖乖，你別哭、別鬧，
別再踢媽媽的肚子好嗎？
你好好睡一覺，千萬別急著出來，
你要等到洪水過後，
等媽媽爬下樹、回到地面，
才能出來哦……

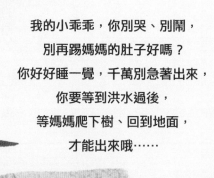

美國CNN有線電視網曾經報導，住在猶他州鹽湖城的年輕人杜威，有一天吃完晚飯之後，就開始「打嗝」。當然，打嗝沒什麼大不了的，每個人都會打嗝；可是，這個杜威的打嗝，是一直打，打個不停，已經持續八個多月了，害他痛苦萬分。

現年二十一歲的杜威，是位藥劑師助理，他說，他實在不知道怎麼辦才好，因為他不停地打嗝，厲害的時候，每三十秒就打嗝一次，晚上根本無法好好睡覺！

想一想，我們如果一直打嗝，的確什麼事都不能做。難怪杜威會說，他根本不能和女孩子約會，每三十秒就打嗝一次，有哪個女孩受得了？而且，如果要「打啵」，一張開嘴，還沒親幾秒，男的就不停地打嗝，女孩子不嚇死才怪！

杜威說他曾和一個女生去看電影，但在電影院內還是無法控制地一直打嗝，打到連自己都覺得不好意思，最後不得不中途離場，以免影響其他人看電影的情緒。

激勵小語　低潮時，更要試著展現愉快的笑容！

為什麼杜威會一直打嗝？醫生幫他檢查發現，他的神經和身體各項機能都很正常；許多同事和朋友也都提供他無數「停止打嗝」的秘方，像是蓋住耳朵、喝一大杯水、暫時閉氣、跑步運動……可是都沒效。杜威不知該如何是好，他，只能每天繼續忍受打嗝之苦！

台北榮總曾經診斷一對近二十歲的兄弟，罹患了非常罕見的**「先天無痛覺無汗」**（Congenital Insensitivity to Pain with Anhidrosis）的疾病。

這是什麼樣的病呢？告訴您——這對兄弟連用鋒利的刀子割手，血流如注，都還不會覺得痛；將大頭針用力刺入手心，也不會痛！天哪，這是什麼怪事？可是，這卻是千真萬確的事！

榮民總醫院的醫生說，這兩兄弟很好動，經常撞到骨頭關節或撞破皮膚，可是他們沒有「痛覺」，一點都不覺得痛，受傷後一撞再撞，導致骨頭周邊組織都已經發炎壞死，也引發細菌感染，造成嚴重的「骨

髓炎」！而在開刀時，手術刀直接劃開皮膚、肌肉、層層組織，一直到劃破膿瘍，幾乎都見骨了，兩兄弟還是一點都不痛，連眉頭都不皺一下，麻醉劑連打都不用打。

媽呀，真是恐怖！開刀時，手術刀從皮肉切割下去，鮮血直流，都還不會痛，真神呀！醫生表示，這對還在高中職唸書的兄弟，罹患「先天無痛覺無汗」的罕見病症，他們有「觸覺、感覺」，就是沒有「痛覺」。他查遍所有醫學文獻，這在國內是前所未見的首例，而全世界的相同病例，也不超過十例。

然而，不要以為「不會痛」是件好事！就好像被老師打手心、打屁股，一點都不會痛，好好哦！醫生說，事實上「疼痛」是一種保護機制，一般人被打後，會痛，就會閃躲；或受傷之後，因傷口會痛，就不敢再隨便碰撞，傷口才會癒合。

說真的，有時我們需要「時時感恩」！想一想，我們其實已經十分幸運了，因為我們不會一直打嗝八個多月，痛苦不堪；也不會因沒有痛覺，反覆受傷，無法癒合，導致傷口發炎潰爛。

我們可以哭、可以笑、可以掉眼淚，不像有些人得了「乾眼症」，想哭，卻哭不出眼淚；有些人得了「顏面神經麻痺」，想笑，卻不能笑；有些人得了「無汗症」，不能流汗散熱，隨時都很怕熱！

我們大部分人都四肢健全、快樂健康，不是十分幸福嗎？

品人生．微講堂

在非洲東南的莫三比克，曾經因豪雨成災，造成一百萬人無家可歸、數千人死亡的悲劇；許多災民來不及遷往高地避難，只好爬到樹上、屋頂等待救援。

激勵小語　人生旅途中，辛勞和苦難是不能不花的旅費。

二十六歲的蘇菲亞・斐德洛是無數災民之一，當滔滔洪水來襲時，她正挺著大肚子，準備生孩子。她無處可逃，為了活命、為了保住肚子裡的小嬰兒，她只能奮勇地和其他人一樣，爬到樹上，避免被洪水沖走。

就這樣，她躲在樹上長達四天，未曾進食、喝水，小嬰兒在肚子裡又踢、又鬧，可是媽媽無能為力呀！她緊抓著樹枝，沒有被洪水沖走，就已經是萬幸了！

第四天，躲在樹上的蘇菲亞，終於看見直升機前來救援。機上的救難人員將繩索垂降下來，發現蘇菲亞挺著大大的肚子，正在陣痛，怎麼辦呢？就在這兩三分鐘，蘇菲亞兩手緊抓著樹枝，在不停的哀嚎聲中，咬牙把小嬰兒生了下來！

整個生產過程，直升機一直在半空中盤旋，救難人員負責接應、剪斷小女嬰的臍帶，待把蘇菲亞母女吊上直升機後，立刻火速掉頭飛回基地，結束這幕驚險的畫面。幸運的是，蘇菲亞母女最後都平安獲救！

看到這些悲慘的事實，再想到我們大部分人都四肢健全，有書唸、有事做、有車開、有飯吃、有疼愛我們的父母、也少遇到災害，不必為了避水災而躲到樹上，甚至在樹上生產……我們豈不都是幸運兒？

羅蘭女士在《羅蘭小語．人生逆境》中說：「我常把人生比作一次旅行，辛勞和苦難，都算是我們所不能不花的旅費。」

的確，人生有許多辛酸和苦難，但我們都得學習一一度過、慢慢熬過；畢竟，比起其他人的災難和厄運，我們都已經是夠幸運了，不是嗎？

激勵小語　在逆境中樂觀以對，機會和好運就會到來。

因此，在低潮時，我們可以試著展現愉快的笑容！真的，不幸之中，我們若還能露出「百分百的笑容」，衰運就會遠離我們，好運就馬上會降臨啊！

因為，好運，總是喜歡光顧「樂觀的人」！

我願乘長風、破萬里浪

十三歲從大學畢業的小神童

當我小時候，從電視上看到——
世界各地很多兒童飽受疾病、暴力摧殘，
或是營養不良、或是骨肉離散……
我就覺得，我要有所行動！
我知道，只要我有心、有行動，
就一定可以讓悲慘情況有所改變！

美國有個小神童，年紀只有十三歲，已經從維吉尼亞州的藍道夫．瑪康學院，以優異的成績畢業。這個小神童名叫葛雷葛利．史密斯，當他才十四個月大時，就會解數學題；而在兩歲時，就能揪出大人說話的文法錯誤。

哇，這真是天賦異稟呀！當然，史密斯這個小神童是「跳級唸書」的，他在九歲時就已經從高中畢業。他不僅是智力高人一等，更胸有大志、關懷世界。年紀小小的他，創立了推動青少年人權和非暴力主義的「國際青年推廣組織」，也擔任兒童權利組織的代言人，經常奔走世界各地；單單十二歲這一年，他就走訪了六個國家。

史密斯也曾經到落後的非洲肯亞參觀訪問，回國後，他立即透過媒體積極募款；後來，他募得了一百多萬美元，為肯亞的兒童辦了一所「和平學校」。

至於十三歲的史密斯大學畢業後，下一步要怎麼辦？別擔心，這聰明的小神童自有打算。他計劃攻讀「數學、太空科學、政治學、生

物醫學」等四個博士學位，並要求自己在十八歲之前完成這個目標。而他長大之後的遠程目標，是要當個「道德風範、科學頭腦、與政治領導能力兼具」的美國總統！

當然，人很聰明，擁有一顆金頭腦的小神童，長大後是不是就一定可以當總統，是個未知數。不過，史密斯名氣很大，他經常應邀巡迴演講，用收入來維持他的慈善工作。而且，小小年紀的他，講稿都是自己擬的，站在講台上演講時，毫不畏懼，甚至頗有大將之風！

有一次，小小史密斯面對上萬名聽眾演講，他一開口就說：「當我很小的時候……」全場立刻爆出笑聲，因為，他也只有十一、二歲啊！然而，毫不緊張的他接著說：

「當我小時候，從電視上看到世界各地很多兒童飽受疾病、暴力摧殘，或是營養不良、骨肉離散的悲慘情況時，我就覺得，我要有所行動！當時，我只有七歲，但是我知道，只要我有心、有行動，就一定可以讓悲慘情況有所改變！」

您知道嗎，史密斯曾拜會過前美國總統柯林頓、前蘇聯總統戈巴契夫，以及好幾位諾貝爾獎得主；而他本人，也曾經四次被提名諾貝爾和平獎！

小小史密斯，頂著一頭馬桶蓋式的金髮，稚嫩的娃娃臉，顯露出自信無比的豪情。他十三歲就從大學畢業，不僅轟動全美，也令人驚訝不已！而他「人小，志不小」的雄心壯志，更是令人刮目相看！

品人生・微講堂

有個男英文老師，抱著一大堆考卷，匆忙走進教室。他瞄了一下同學，咦？奇怪，怎麼這些同學一個也不認識？

「噢，對不起，走錯教室了！」英文老師喃喃說著，轉頭走出

激勵小語 願乘長風，破萬里浪。

教室。當他再看一眼門口的班級牌時，疑惑地說：「沒錯，是高三忠班呀……」

正當這位英文老師摸不著頭緒、一臉疑惑時，只見全班學生一起大喊：「**祝老師愚人節快樂！**」

另有一班，當女地理老師在黑板上畫著簡單地圖時，下面兩個男學生一言不合，大打出手！「你偷我的筆幹什麼？」「我哪有偷你的筆？我只是跟你借用一下而已！」「你借用一下不會講啊？你以為你是誰啊？……」

兩個男生扭打成一團，女老師走過來勸架，好言相勸了老半天，搞得滿頭是汗；突然間，兩個男生笑嘻嘻地相互擊掌，而全班同學也一齊喊著：「**祝老師愚人節快樂！**」

在年輕時，每個人都有許多快樂的回憶。不過，逐漸成長後，各有不同的際遇，有人成為知名人物，周遊列國；有人則是過得平淡無奇，落魄潦倒。

現在，全球是一個地球村，學生們面臨的不只是同校、他校學生的競爭，而且還可能是北大、復旦、牛津、史丹佛、哈佛等世界各國學生的競爭。

在科技進步的地球村之中，年輕的一代，都必須更有專業能力、外語能力和國際觀，多參與國際性的文化交流，使自己的視野更加廣闊。

南北朝時期，宋國有個著名的武將，名叫宋慤，他從小就有雄心壯志；有一次，他的叔叔宋炳問他：「你長大後想做什麼？」

宋慤回答說：「願乘長風，破萬里浪！」

的確，每個人的生命，都要「乘長風，破萬里浪」，過得十分精采呀！

激勵小語 有心、有行動，就一定可以有所改變！

平凡人也有「快樂天堂」

人善我，我亦善之；
人不善我，我亦善之

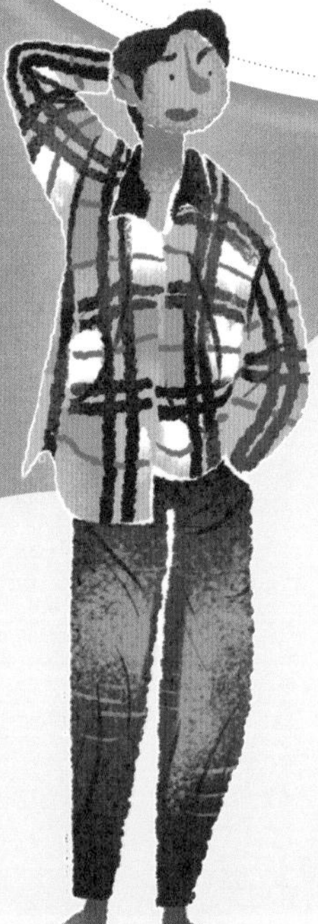

「我不知道天堂是什麼樣子？
也不知道地獄是在何處？
但自己覺得，
說好話、做好事、存好心，
自己就感覺很舒服，
就好像生活在天堂一樣……」

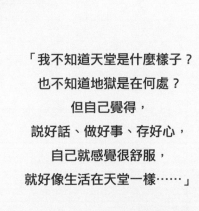

人在面對突發事件時，經常手足無措、不知如何是好？有時亂了方寸，有時歇斯底里，有時嚇得癱軟不起！

在大陸江蘇省江陰市，曾經發生一件死亡車禍，一年輕人被一輛飛快的車子撞得面目全非、死狀悽慘；經過口耳相傳，心急如焚的死者父親立刻趕到車禍現場，找尋還沒回家的兒子。

當時，車禍現場一片狼籍，死者的臉血跡斑斑、一片模糊，幾乎無法辨認；可是，死者的身高、年齡、衣著、胖瘦都和兒子很相似，所以傷心欲絕的父親哭斷肝腸，向警方認了屍、簽了字，就將「兒子」領回家去。

當然，兒子死了，屍體抬回來了，全家人立即陷入愁雲慘霧之中；只聽見哀嚎、哭喊聲籠罩，那白髮人送黑髮人的悲慟，可想而知。

不過，到了晚上十點多，「死去的兒子」竟然在家人的哭喊聲中

激勵小語　多專心、不迷糊；多用心、不馬虎。

自己走回來了！這「兒子」還帶著興高采烈的表情踏進家門。

啊？是鬼嗎？是兒子的鬼魂回來了嗎？

當兒子看到全家人哀嚎哭泣，還搞不清楚怎麼一回事時，就把哭得眼睛紅腫的弟媳給「嚇昏了」！其他人看到「死者的鬼魂」回來了，也都驚嚇得一臉發青。

「我沒死啊，你們哭什麼哭？……我好好的，我沒死啊！」兒子大聲地說。

原來，焦急的父親苦等不到兒子回家，去到車禍現場，竟誤把被撞死的年輕人當成自己兒子，而把「別人的屍體」領回家了。

弄清楚事情原委之後，全家人破涕為笑。可是，家裡這具屍體是誰的呢？在一陣混亂之後，家人趕快打電話給警方，盡速將不知是誰的屍體送出家門，這才結束一場「死而復生」的驚悚劇！

有一位小姐說，一天下班後，她開著車，趕去赴一個餐會；可是，車子一過十字路口，她就被一交通警察攔了下來：「小姐，妳闖紅燈了！」

「啊，有嗎？我有闖紅燈嗎？」這小姐回頭一看，的確，真的還是紅燈。

警察要這名小姐拿出駕照、行照查看，也開了一張交通違規罰單給她。就在開罰單的空檔，這小姐坐在車上，看著熙來攘往的車輛和人群，心想：天哪，這交通真混亂，自己怎麼在開車時突然發呆？真不知道自己是在想什麼？

接過警察所開的一張一千八百元罰單時，這名小姐向警察說了聲「謝謝」！因為，要不是警察及時攔下她的車，讓她清醒過來，還真不知道會發生什麼可怕的意外啊！

在不專心、不用心時，人的精神是散漫、迷糊的，一不小心，就會出差錯，釀成意外。相反地，有人做事用心、專注認真、誠懇待人，就可能有意想不到的酬賞。

在加拿大溫哥華，有位四十二歲的男服務生，名叫菲力普斯，他沒有什麼特殊，只是盡本分地接待客人。有一位七十多歲的退休老人柯森，是他們餐廳的常客，可是卻少有服務員會去搭理他，只有菲力普斯用心、真誠地主動接待他。

這老人經常一個人來吃飯，離開時，菲力普斯會幫他叫計程車，或親自送他回去。遇到餐廳公休、不營業的日子，菲力普斯也會帶老先生到其他地方吃飯，排遣他的寂寞。十年來，菲力普斯始終真心善待老先生，幾乎將這位獨居老人當親人般地照顧。

一天，老先生在路上散步時，被一輛違規超速的汽車撞死，警

激勵小語 說好話、做好事、存好心。

方在整理老先生家裡的遺物時，發現了一封預先寫好的遺書，表示願將五十萬加幣（約台幣一千萬元）的財產，全數送給菲力普斯。

當時，菲力普斯工作的餐廳即將關閉，卻意外接獲老先生送給他的千萬元遺產。

前總統蔣經國先生曾說：「我不知道天堂是什麼樣子？也不知道地獄是在何處？但自己覺得，說好話、做好事、存好心，自己就感覺很舒服，就好像生活在天堂一般，享受美好、快樂、幸福的人生，也許這樣就是天堂吧！……」

在生活中，我們多專心、不迷糊，也多用心、不馬虎；同時，真心真情地善待別人，就像古人說的「人善我，我亦善之；人不善我，我亦善之」，那麼我們的心，就會如同住在天堂一樣快樂呀！

要賣力工作，不要賣命工作

保養好自己，才能走遠路

在世界盃足球賽中，
南韓與西班牙爭奪進入四強之林；
可是，在「PK大戰」之時，
電視螢幕上不時出現一個人——
他是西班牙隊最棒的「第一守門員」，
可是，他為何乾坐在觀眾席上呢？

記得曾經看過一篇文章，提到聲樂家非常小心保護自己的喉嚨，因為聲樂家是靠喉嚨唱歌為業，如果不小心感冒了，或喉嚨沙啞了，聲音自然唱不出來。

不過，別以為感冒不能唱歌是件小事，對一位知名聲樂家或歌手來說，感冒可是一件「天大的事」喔！因為聲樂家若感冒了，原定上台演唱的計劃，就可能被迫取消；而預定的場地、燈光、彩排、布景、樂團、指揮、工作人員……數百人都會受到影響、牽連，讓他們原本的工作計劃也都必須暫時終止。所以，演唱會或取消、或延期，對經紀公司、售票單位或歌迷來說，都是一件很頭痛的事。

因此，知名人物的小問題，可能會「牽一髮，動全身」；一個小感冒，就可能演變成大混亂！

在美國佛羅里達州，有一名華裔小提琴家名叫夏小曹，她從六歲開始學習小提琴，父親是大陸知名的指揮家，母親是歌劇演員，所以她從小就受到極力的栽培和訓練。長大後，她移民美國，表現極為傑出，也被譽為世界級的小提琴家！

有一天，四十一歲的夏小曹在開車時，遭一輛闖紅燈的汽車撞擊，導致左肩受傷。在美國，大家開車都很守秩序，難得有人闖紅燈肇事。這種車禍，並沒有造成「車毀人亡」或「鮮血淋漓」，對一般人而言，或許不算太大，但對夏小曹女士來說，卻是一項很大的傷害！

因為，她是小提琴家，手，是她最重要的創作工具；在被車子撞了以後，她的手感覺疼痛、手指麻木、手臂無力，無法再像以前一樣，流暢、自在地拉奏小提琴！

天哪，小提琴家的手被撞到了，這可不像是聲樂家的小感冒，過幾天就會痊癒；雖然不是被撞斷，但也可能毀掉她一身的頂尖才華，以及後半輩子的謀生能力！而夏女士也因這次車禍受傷，使她不能實現和美國最知名的管絃樂團同台演奏的願望。

就這樣，這件車禍鬧上了法庭，因為夏小曹是知名小提琴家，她手臂的受傷損失，不能和一般人相提並論。而法院該如何判決？怎麼樣的賠償才是合理的呢？

被告的肇事者是六十三歲的老先生蕭華特，他的律師要求陪審團，賠償金應低於十八萬九千美元。他說，音樂界競爭激烈，夏小曹不能保證將來一定會更紅、更成功！何況車禍後的夏小曹，在佛羅里達州交響樂團，一年仍有三萬美元的薪水，而且她還能教學賺錢。

可是陪審團成員卻不這麼認為！因為，手對小提琴家來說，真的是太重要了，就像籃球國手、鋼琴家、舞蹈家……沒有了手，他們的藝術生命、體育生命就可能結束。

也因此，陪審團研議不到一個小時，就做出了裁決——夏小曹可以獲得薪水損失、醫療費用、和精神損害賠償，總共三百五十萬美元（約台幣一億七千萬元），而保險公司隨後也同意了這項理賠。

是的，藝術、音樂是有價的，人的才華和成就更是有價的！我們每個人都必須更加努力，讓自己擁有更多的才華和能力，來讓別人看重我們啊！

品人生・微講堂

在二〇〇二世界盃足球賽中，南韓隊十分勇猛地擠進了前八強。而在這場眾所矚目的大戰中，兩隊廝殺得不分勝負、平分秋色，於是比賽進入延長加賽的「PK大戰」，也就是兩隊各加罰「五次十二碼球」，看誰踢進的球數比較多？

激勵小語　要「賣力」工作，不能「賣命」工作。

這，真是令人屏氣凝神的時刻。

南韓隊先踢進一球，全場瘋狂大叫；西班牙隊不甘示弱，也攻進一球，雙方不斷地你來我往。

此時，現場實況轉播的螢幕，不時出現一個畫面，照著看台上的一個人！他是誰？他是西班牙隊最倚賴的主將，也是「第一守門員」卡第．勞爾。

咦？他是最強的第一守門員，怎麼會乾坐在觀眾席上呢？

原來，他是因為腳部受傷，無法上場，所以只能獨坐在看台上觀戰。他，經過多少年苦練，盼望參加世界盃足球賽，大展身手，可是，卻在最後一刻，因腳傷而無法參賽，只能苦坐冷板凳，多麼可惜！

在PK大戰中，卡第．勞爾眼睜睜地看著南韓球員，精準地一一將球攻進自己的球門！相反地，西班牙隊有一球卻被南韓守門員擋下；也因這一球，南韓打敗了西班牙，晉級世界盃四強之林！

有時，人的「計劃」，趕不上「變化」；就像養兵千日，卻不能用在急需的時刻，真是教人跳腳飲恨啊！

所以，每個人都得小心翼翼，別讓突來的意外，使自己訓練多時的專長，無法派上用場，到最後變成一場空。

相同地，人的健康也是如此。如果忽視自己的健康，結果「事業正在巔峰，人卻倒了，身體成為負債」，那麼，空有一身武藝、精湛的專業，又有何用？

因此，人要「賣力」工作，卻不能「賣命」工作。

我們都要注意自己的健康，多和朋友「相約運動」，盡量少「相約吃飯」！畢竟，「保養好自己，才能走遠路啊！」

激勵小語　保養好自己，路才能走得遠。

- 你是一顆閃閃發亮的鑽石
- 勇敢為自己打開一扇窗
- 認真做好一件事，就能成就大事
- 別讓舌頭跑在思考前面
- 不要論斷別人，免得被人論斷

PART 3

有願有力，創造生命奇蹟

你是一顆
閃閃發亮的
鑽石

「有心、有願、有志、有力」
就能成功

我們可以是「石頭」，
如果我們不突破、不創新的話。
我們也可以是「鑽石」，
如果我們鍥而不捨、不屈不撓、堅持到底。
真的，天上不會落下「鑽石」，
但用心、努力的人，就能激發出光亮和熱力！

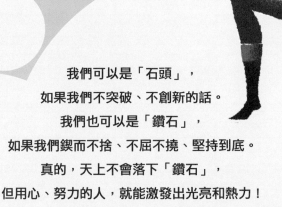

《晉書．車胤傳》中描述晉朝的車胤：「家貧不得油，夏夜以練囊盛數十螢火，照書讀之，夜以繼日，後官至尚書郎。」這是古代沒有燈火照明時，聚集螢火蟲苦讀的感人寫照。

不久前，在印尼伊利安查亞省的一個小漁村，出現了一棵「螢火蟲樹」！怎麼說是「螢火蟲樹」呢？因為，有上萬隻的螢火蟲，同時棲息在一棵芒果樹上，在黑夜中，上萬隻螢火蟲所發出的光亮度，就像是一棵「本身可以發出奇光的樹」，十分亮麗、壯觀！

當地昆蟲專家指出，每到日落時分，這些螢火蟲就會聚集到特定的樹上交配，遠遠看來，綠光閃爍，亮晶晶的，甚是美麗！但由於工業過度開發，生態遭到破壞，「螢火蟲樹」的奇景現在已很少出現了。

當我在紐西蘭旅遊時，曾經到威吐摩（Waitomo）觀賞螢火蟲岩洞的奇景。威吐摩的螢火蟲，都棲息在黑暗、陰森的岩洞裡，和我們一

般看到會四處飛行的螢火蟲並不一樣。

在一八八七年，一位毛利族族長和英國測量師，一起冒險進入當地一個漆黑的洞穴；他們划著木筏，拿著蠟燭，沿著小溪進入岩洞內。等他們的眼睛適應了黑暗的四周後，看到溪流水面上，怎麼會有無數的「光點」呢？當他們仔細一看，再仰頭上望，發現有成千上萬的「螢火蟲光點」，正在岩壁閃閃發光——天哪，這真是美麗絕倫的奇景啊！

就這樣，他們發現了舉世奇觀——紐西蘭威吐摩的螢火蟲洞。至今，這個螢火蟲洞已吸引來自世界各地數以百萬計的遊客！

在我們抵達威吐摩時，導遊先帶大家參觀了地底下千萬年的「鐘乳石洞」；而後，在微弱的燈光中，我們與其他國家的遊客分批搭乘小船，輕緩地拉划進螢火蟲洞內。

在黑暗中，大家都屏住氣息，沒有一人出聲，怕吵到螢火蟲；而小船也是靜悄悄的，它沒有馬達引擎，只由一當地導遊拉著洞內架設好的纜線，無聲無息地前進。慢慢地，大家抬頭往上看，天哪，好幾萬隻螢火蟲，正棲息在岩洞頂上，就像滿天的星光點點，讓每個人都不禁驚訝、讚嘆！

面對這樣壯觀的奇景，大家都流連忘返，不忍離去！可是，小船終究還是要離開洞穴；一出洞口、下了小船，喘口氣，每個人仍不斷直呼：「太壯觀、太美了！」

後來導遊向我們解說，這些螢火蟲是不會飛的，牠們一定要在特定濕度的洞穴內，才不致乾死！而由於牠們不會飛，所以都懸附在岩洞內的頂部，自然發出「光束」，來吸引別的飛蟲；同時，牠們也垂下黏性十足的唾液、細絲，像「釣魚線」一樣垂釣著，等飛蟲被細絲黏住了，就成為牠們的食物。

這些發光的螢火蟲，從「卵、幼蟲、蛹、成蟲」是一個生命周期，牠們曾經閃閃發光、絢爛無比，可是經歷交配、產卵的過程，就結束生命、自然死去。

這，就是大自然中生生不息、世世代代的循環……

我們每個人也是一樣，雖然有時生命很微小、很短暫，但在該發光、發亮的時候，就應該像螢火蟲一樣，盡情發出生命的光亮和熱力，讓所有人看見了，都不禁高聲地讚美：「哇，真的好漂亮、好美麗、好棒哦！」

激勵小語　生命儘管渺小，仍應盡情發出光與熱！

報載，匯豐銀行有一位「二度就業」的余亞男小姐，她負責電話行銷信用卡。在電話中與陌生客戶交談時，經常遇到挫折，或遭對方以不好的口氣嚴厲拒絕。

但，她不灰心，每天仍舊至少打出三百通電話，鍥而不捨、態度誠懇地尋訪潛在客戶。

結果，她行銷信用卡的成績，五年來都是第一名；每年業績達成率，更是銀行所設定目標的四倍以上。她，成為業界裡的「行銷頂尖高手」。

每天打三百通電話，代表的是「有心、有願、有志、有力」；一個人有信心、有恆心、有毅力，辛勤不懈，就一定會散發出自身的光和熱，就一定會表現出亮麗的成績啊！

有一位自稱是石先生的男子，打了通電話找總經理，秘書問他：「請問您是石頭的石，還是歷史的史？」

這男子說：「都不是，是鑽石的石。」

哇，這回答真棒——「不是石頭的石，是鑽石的石！」

我們可以是「石頭」，如果我們不努力、不突破、不創新的話。

我們也可以是「鑽石」，如果我們有鍥而不捨、不屈不撓、堅持到底的精神，就會激發出光亮和熱力。

真的，天上不會落下「鑽石」，但用心、努力的人，就可以讓自己成為一顆「閃閃發光的鑽石」！

激勵小語 要成為一顆「鑽石」，不要當「石頭」。

勇敢為自己
打開一扇窗

唯有寬恕，
才能解脫，才能快樂

忘掉他吧，原諒他吧！
當我們心念一轉，
學習在痛苦中找尋新目標，
人生就不再是一座「心牢」，
惡魔自然會知難而退，
我們的人生就是「超級的進步」啊！

大陸安徽省泗縣有一中學初一學生陳賢，在期中考後，向卞姓導師抗議漏算一科分數，以致未能獲獎；但導師未加理會，陳賢心生怨恨，也種下兩人的嫌隙。

一週後，晚自習時，陳賢擅自離開座位，地理老師上前就打了他三個耳光，讓他覺得很委屈；又有一天，陳賢和另外兩名同學玩撲克牌，導師發現後，又打了他一個耳光。

兩天後，陳賢和兩名同學上學遲到二十多分鐘，導師認為，那兩名學生住家離學校比較遠，就讓他們進教室，只留下陳賢在教室外罰站。陳賢心裡很不平，和導師爭辯；導師不悅，摑了陳賢五個耳光，而後帶他到辦公室，又打他兩個耳光。最後，陳賢很不服氣地對導師說：「遲到的其中一名同學，昨天晚上是和我同睡的，為什麼你只處罰我？你太不公平了……」說完，陳賢就氣得衝回家。

後來，陳賢的祖父母帶他到學校找導師理論，可是導師辯說：「你們家的孩子沒規矩，我打他，是為他好啊！」陳賢則委屈地說，導師

激勵小語 唯有忘記，才能快樂。

打人不對，要告導師！

回家後，陳賢在極度委屈和憤怒中，寫下了「告老師」和「家信」兩封遺書，隨即喝下兩瓶農藥；喝完後，哭著跑去找爺爺奶奶。然而，農藥的劇毒讓陳賢腹痛如絞，在被送到衛生院兩小時後宣告死亡。

陳賢在家信中寫道：「對不起爸、媽，我真的對不起你們……但是我能有什麼法子呢？我自己的力量微不足道，即使你們知道了，也不會贊同我去告他們。**我要以死來證明他們沒有資格做教師，至少不能做一個好教師……**」

後來，官方的調查報告指出，兩名老師的管理簡單粗暴，多次任意毆打學生，造成學生嚴重心靈創傷而自盡抗議，老師應為此負責！於是，兩名老師一被刑事拘留，一被監視住居、等待判刑，而學校校長、副校長則分別被免職與撤職。

忠一班

陳賢的事件是個悲劇，令人不勝唏噓。的確，有些老師不分青紅皂白、或私心偏袒、或不明就裡，粗暴地責打、侮辱學生，造成學生自尊心受損、心生屈辱！

但事實上，不是每個人都很理性的，即使是當了老師、教授，也可能「情緒智慧很差、尖酸刻薄、粗暴無比」；可是，當學生的，雖心智尚未完全成熟，也必須學習「忍受責難」，讓自己的「挫折容忍力」比別人更強！

畢竟，人死了，再來證明老師很差、很爛，也是於事無補呀！相反地，我要活得更好、更有成就，再來證明老師很爛，才有意義啊！

所以，當上帝無情地「關了我們一道門」時，我們就必須勇敢地「為自己打開一扇窗」呀！

因為，人的尊嚴，不是從別人的嘴巴中得來的；人的尊嚴，是從「自信、忍辱、實踐、衝出逆境、活出漂亮自我」而得來的！

有個小故事——一天，地球上很多人們聚集在一起，大聲地向上帝抗議說，魔鬼真是太囂張了，他們到處誘惑人，使人們產生很多貪念、色慾，甚至製造許多衝突、爭執……希望上帝能將萬惡的魔鬼徹底殲滅，使人間恢復平和、安詳。

上帝想了一下，對人們說：「你們的這些要求，很抱歉，我不能幫你們實現；你們想一想，假如這世界上沒有魔鬼，你們還需要我這個上帝嗎？」

的確，人世間有許多「魔鬼」，這些魔鬼，可能是自己「無形的心念」，也可能是周遭的人所帶給我們的「痛苦」。就像本文中的陳賢，他被老師不明就裡地粗暴處罰、連續責打，這就如同魔鬼

激勵小語　唯有寬恕，才能解脫。

在我們身上施暴一樣。

可是，我們一生中，難免會遇到這種無理的人、施暴的人呀！他們就像蠻橫的惡魔一樣，令人深惡痛絕！

然而，「唯有寬恕，才能解脫；唯有忘記，才能快樂。」

忘掉他吧、原諒他吧！當我們心念一轉，學習在痛苦中找尋新目標、新樂趣時，人生就不再是一座「心牢」，惡魔自然會知難而退。當我們能苦中作樂、化悲憤為力量，我們的人生就是「超級的進步」，過不久，又是一條好漢！

因此，在悲痛中，我們可以學習「三A人生」——

一、接受自己（Accept yourself）：我不一定美、不一定帥，不一定有錢、不一定有地位，但，我有信心、有能力、有毅力、有良知，我接受我的好和不好，而且，我一定能克服難關！

二、接受別人（Accept others）：我不可避免地會遇見一些老師、同學、父母、兄姊、朋友……他們都有優點，也有缺點，但我必須去尊重、接納他們，與他們和平共處，才能讓我生活得更快樂。

三、接受環境（Accept surroundings）：我的生活環境，例如學校、家庭或公司，不管是軟體或硬體，或有不完美，但，這只是暫時的，我可以容忍它、接受它；我不指責、不抱怨，可是，我相信有一天，我會有更好的環境！

人，就是要有「三A觀念」，歡喜接受各種的「完美和不完美」，才能遠離憂鬱、遠離悲傷，而營造出健康、快樂的人生！所以——

「在情緒激動時，我要保持緘默；
在別人無理時，我要忍耐包容；
在重責臨到時，我要樂於承擔；
在逆境來臨時，我要勇敢堅強！」

激勵小語　接受自己、接受別人、接受環境。

認真
做好一件事，
就能**成就大事**

不景氣時，
要「更爭氣、更努力」

在遇見困難時，
就是機會即將來臨的時刻，
我們都要裝備自己、接受挑戰！
也在不景氣之時，
習得一些絕技與工夫，
不能「畢業即失業」呀！

每次看到地上螞蟻找到食物時，總會往回走，通知同伴們，一起前往發現的地點，大家同心協力將食物搬回洞穴內享用。

可是，螞蟻是怎麼「通知」同伴的呢？我們只看到快速走動的螞蟻，在遇見同伴時，好像只有「交頭接耳」不到半秒鐘，便立即走開，而被告知的螞蟻就知道要去哪支援、搬運食物。

螞蟻會「說話」嗎？牠們是怎麼溝通的？身為萬物之靈的人們，可能也都不知道螞蟻會不會說話？或怎麼說話？說了什麼話？

過去，生物學家曾經潛心研究大象是怎麼溝通的？大象不會說話，可是牠們能發出「二十赫茲」的聲音，來傳達彼此之間的訊息。這種人類無法感知的極低頻率，可以通過空氣傳達到六英里外，讓其他大象能接收到訊息的意涵。

不過，美國史丹福大學的生物學家更進一步研究指出，大象溝通、聯繫的本事不僅如此，還有一套更為複雜的「地震交流系統」，可用來傳遞訊息。也就是說，大象通過「跺腳」或「用嘴巴發出隆隆的聲音」，使地面產生震動，而這些震動訊號可以傳到十至二十英里，讓遠方的大象接收到訊號後，不但能知道對方身處何地，還能分辨出對方的情緒——到底是快樂，還是生氣？是平安，還是著急？

報載，在大陸遼寧興城，有個奇人名叫閻福星，他能夠和鳥兒們溝通，會說三十多種「鳥語」，令人嘖嘖稱奇！

閻先生是一位文化工作者，他從小就喜歡各種小鳥，可以說是「愛鳥成癡」。十多歲時，為了能夠跟鳥兒們做好朋友，他開始研究鳥語，幾十年下來，破譯了各種鳥兒的語言，諸如：「你好嗎？」「你在哪裡？」「我在這裡！」「你快樂嗎？」……

閻先生透過各種樂器，以及自己的口技，學會了三十多種鳥叫聲。而他所模仿的鳥叫聲，極為逼真，和真正的鳥叫沒有兩樣；他只要在樹林裡學鳥叫，就會引來相同叫聲的回應，也因此，閻先生成為聞名

中國大陸的「鳥叔叔」！

後來，閻先生以他數十年研究鳥叫的絕活，參加在北京舉行的「中華民間絕技大賽」。在比賽中，他唯妙唯肖地模仿各種鳥叫聲，也和真的鳥兒們一起「說鳥話」，快樂對談，獲得評審和觀眾們的高度青睞，而拿下「金獎」的最高榮譽！

哇，能和小鳥說話，真是有夠厲害了呀！

所以，只要認真做好一件事，就能成就大事；只要用心研究，學會「說鳥話」，也能成為聲名大噪、大家爭相邀請的名人！

品人生・微講堂

有一天，某國中的國文老師出了一道題目，要同學們寫一首有關「鳥」的詩。而其中一位男同學就寫道：

「鳥，鳥飛，鳥會飛，鳥真的很會飛，鳥實在真的很會飛！」

老師看了這首「鳥詩」，就給這個同學寫下評語——

「魚，摸魚，你摸魚，你真的很會摸魚，你實在真的很會摸魚！」

哈，有人會說「鳥話」，也有人會寫「鳥詩」，真是各有所長啊！然而，話說回來，每個人真的都要有一兩項謀生技能，才能快樂地生活！

有一個年輕人，他早年是唸專科學校電子科的，可是他的成績不太好，一直找不到合適的工作。一天傍晚，他很無聊地走在街上，突然有一陣風吹來，把一張報紙吹到他的腳上。他甩呀甩，報紙就是甩不掉，一直黏在他腳上。

後來，這年輕人只好彎下腰撿起報紙，隨手攤開翻閱。忽然間，他看到人事廣告版，有一家電子公司即將在深圳設廠，正在招考有電子背景的人員。於是，他去應徵了，也被錄取，而去了深圳。

激勵小語 遇見困難時，就是機會即將來臨的時刻。

就這樣，這年輕人在深圳全心投入，開疆闢土、建廠生產，深獲長官的賞識，職位不斷地高升。如今，他已經是這家公司的高階主管，年薪上千萬。

日本有一位馬拉松好手有森裕子，喜歡以「四個CH」做為自己的座右銘。

什麼是「四個CH」呢？就是——「Pinch（危機），Chance（良機），Change（變化），Challenge（挑戰）」——意即「在遇見困難時，就是機會即將來臨的時刻，我們都要改變自己、裝備自己，來接受挑戰！」

是的，在不景氣之時，我們都要習得一些絕技與工夫，不能「畢業即失業」；所以，「經濟不景氣，你我要更爭氣、更努力呀！」

別讓舌頭
跑在思考前面

講話厚道者，福多；
講話尖酸者，福薄

**一個人的說話，就是自己的廣告；
話說得太滿、太苛、太酸、
太扯、太狠、太絕……
都會給別人很不舒服的感受。
而且，人在興奮時所說的話，
最難檢點、最易誤事啊！**

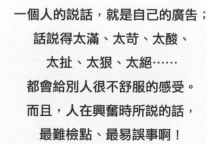

美國愛荷華州有個小鎮，鎮民平常以打獵和捕魚為生，而在工作之餘，經常聚在一起喝酒、閒聊。可是，人就是人嘛，總會誇大、炫耀自己，來抬高自己的身價，獲得別人的看重。

例如，有人捉到一隻十公斤的火雞，就會在小酒館裡誇大地說，他獵捕到一隻十五公斤的大火雞；也有人吹噓說，他只用一把弓箭，就射殺了十二頭鹿；還有人更誇張，說他捉到一隻大老鼠，光是尾巴就足足有三磅重！

而該鎮鎮長哈姆雷特對這種愛說謊、誇大其詞的風氣，感到很頭痛，他覺得每個鎮民都應該「誠實」，不應該「說話誇大」、甚至「說謊」，所以他決定向說謊者宣戰，讓該鎮回歸真善美！

不過，怎麼宣戰呢？

鎮長說，只要說謊被查到，就必須罰款，而所得的罰金將挪作鎮

上建設經費；若拒繳罰款，就必須入獄服刑！而哈姆雷特鎮長的這項宣示，使得該鎮成為美國第一個「禁止說謊」的小鎮。

可是，有些鎮民對鎮長「禁止說謊」的作風很感冒，認為啤酒一下肚，大家愛怎麼吹牛、誇大，是個人的事，關鎮長屁事啊？而且，「如果大家都只講事實，只會說一就一，不懂得吹牛的幽默，那麼世界會多麼沉悶呀！」

再者，說謊被查到要罰多少錢，鎮長又沒說！甚至「拒繳罰款，將被捕入獄」的說法，也遭鎮民質疑，因為該鎮人口不到六十人，根本就沒有監獄、也沒有法官啊！所以，鎮民認為，大概在長期薰陶下，鎮長也變得「愛吹牛、愛說謊」，才會說出「禁止說謊」的鬼禁令！

其實，每個人都會說謊，不同的是出發點「是善、是惡」罷了。

正因為每個人都有說謊經驗，所以美國威斯康辛州的保林頓鎮，每年都會舉辦「**世界說謊大賽**」！

主辦這項比賽的「說謊俱樂部」主席索斯表示：「近年來我們大力推廣說謊活動，可是來參加比賽的人數，卻有逐漸減少的趨勢，我們聽到的謊話已經不像以前那麼多，因為許多謊話都已經被『政治人物』和『候選人』說完了！」

也因此，現在他們俱樂部規定，「世界說謊大賽」歡迎各地說謊高手前來較勁，但「政治人物」不得報名參賽。

為什麼呢？因為政治人物都是「政客、職業騙子」，如果和一般的「業餘選手」一起比賽，就會「勝之不武」！

哈，這個「說謊俱樂部」還真是有水準、有品味，實在有夠嗆！

品人生．微講堂

有一個兒子問媽媽說：「媽，妳說爸爸以前是不是很害羞？」

激勵小語　講話厚道者，福多；講話尖酸者，福薄。

媽媽回答：「是啊！要不是他很害羞，你至少比現在大三歲。」哈！這個媽媽真是「很誠實」啊！

也有一小學生遵照自然科老師交代，晚上在陽台觀察星星、月亮，並寫下「心得感想」。後來，這小學生在作業簿上寫著：「觀察星星月亮太久，脖子感到很痠。」

哈，這孩子也是很誠實呀！

外電報導，有二十多名窮苦的華人，在英格蘭西北部的莫克姆灣撿拾海貝；但在毫無預警下，突然來了一陣漲潮，把這二十多名華人全部吞沒了！這起華人集體意外溺斃案，引起英國上下極大的震撼。

當時，一名英國保守黨籍的六十歲女議員溫特頓，在出席與丹麥促進關係的晚宴上，說了一個「笑話」，被英國《每日鏡報》刊了出來：「有兩隻鯊魚在大西洋裡游泳，其中一隻說：『我每天吃金槍魚都吃膩了，好厭煩！』這時，另一隻鯊魚說：『那你想去莫克姆灣吃中國人嗎？』」

此消息一見報，全國一片譁然！而且，出席該餐會的其他議員和工商界人士，也都證實溫特頓女士曾說過這則「笑話」。

可是，溫特頓女議員說她只是開玩笑，絕不為此道歉。然而，在輿論壓力下，保守黨領袖霍華德表示，該黨絕不允許這種言論存在，他為此公開道歉，並將拒不道歉的溫特頓議員開除黨籍！

俗語說：「講話厚道者，福多；講話尖酸者，福薄。」

其實，一個人的說話，就是自己的形象廣告；話說得太滿、太苛、太酸、太扯、太狠、太絕……都給別人很不舒服的感受。所以，明朝大儒薛瑄在《讀書錄》中說：「不可乘喜而多言，不可乘快而易事。」

激勵小語 喜時之言多失信，怒時之言多失禮。

真的，人在興頭上、興奮時所說的話，最難檢點、最易誤事啊！

因此，古人說：「喜時之言多失信，怒時之言多失禮。」

我們都必須學習謹言慎行，千萬別讓我們的「舌頭」，時常搶先跑在我們的「思考」前面啊！

不要論斷別人，免得被人論斷

看法或有「不同」，但不代表「不對」

我們要學習相互包容、彼此尊重，
也看到別人的好、別人的優點；
因為，我們不喜歡的人，
或許他們比我們還優秀，
比我們更傑出、更有人緣呢！

那場景，是一九四五年九月十六日的黃昏。一個年輕人阿齊拉，正走在紐約的街頭，他剛從卡內基音樂廳上完課，想隨便逛逛，再回家去。而眼前迎面而來的，是另一位青年洛金斯，他剛從部隊退伍，還沒有找到工作，趁待業這段時間，從芝加哥來到紐約探訪朋友。

當這兩個年輕人擦肩相視時，洛金斯內心裡突然閃過一個念頭：「哇，這個人好帥哦！真是超帥呀！」

於是，洛金斯主動和阿齊拉交談。這一談，發覺彼此都很欣賞對方的談吐和才華，遂相約隔天晚上一起去聆聽音樂會。

這兩個男人，個性相互契合，在一起也很投緣，過沒幾天，阿齊拉就帶著洛金斯與家人見面。當然，他們是好朋友，但漸漸地，也彼此互有好感，相互喜歡！

其實，當時洛金斯已經和女友訂婚，可是他對阿齊拉一見鍾情，說不上來是哪種感覺，只是愛慕之意油然而生。所以回到芝加哥後，洛金斯就和女友解除婚約，搬到紐約與阿齊拉同住在一幢公寓裡。

而這一對「同性戀人」，在紐約這麼一住，就是「五十八年」！哇，有夠長對不對？如今，阿齊拉已經八十八歲，洛金斯則是八十四歲。根據美國《紐約時報》報導，這對年老的「親密愛人」，終於穿越加拿大邊境，在靠近尼加拉瀑布的一個小教堂中「結婚」了！

為什麼這麼老了才結婚？這對八十多歲的「同志戀人」說，在他們成長的那個年代，若是「同性相戀」，是會被判刑的；而且，同性戀在當時也被視為是嚴重的心理疾病，必須接受電擊治療！

可是，他們這對戀人住在一起超過五十載，生活得非常快樂、幸福！他們兩人一起工作、一起搭船旅行，也在同一教會詩班中唱歌。在外面，他們宣稱彼此是朋友，而且從未在大庭廣眾之下牽手。

就這樣，他們秘密同居了半個多世紀，如今社會價值觀慢慢改變，

激勵小語 學著看到別人的優點，互相包容，彼此尊重。

民眾對同性戀的接受度逐漸升高，甚至部分國家也對「同性戀結婚」予以合法化；所以，這對同志戀人在紐約公寓接受記者訪問時說：「我們現在要私奔了……我們這段感情，維持得真不容易；我們等這個婚禮，等了好長的時間了！」

正因為加拿大對於「同志結婚」，不排斥、不鄙視，並給予合法的保障，所以這對老戀人坐著車，開過尼加拉瀑布，來到位於加拿大邊境的聖凱撒琳教堂，在親友的祝福下，舉行了二十分鐘簡單、隆重的「婚禮」。

看到這則新聞，我的心中有無限的感慨！我在想——異性戀，男女相愛、結婚，我們都自認為合情合理，理所當然；可是，很多男女吵吵鬧鬧、反目成仇，甚至為情所困、為情砍殺……能夠真正相敬相愛、互相包容、互相體貼、白頭偕老的男女、夫妻有多少？

相反地，有些「同性的戀人」，即使在社會眼光中遭到鄙視、受到排斥，甚至唾棄與不諒解，但他們互相愛慕、彼此寬容、相互退讓，以至於相敬如賓地相處五十八年、快樂地白頭偕老；他們之間的「真愛」，似乎不輸於異性戀的情侶啊！

品人生．微講堂

名作家楊照先生在一篇專欄中，曾提到一則故事——馬歇爾．葛茲密斯從小就是美國南方浸信會的信徒，教會的老師常教導他，信仰耶穌才會上天堂，不信的人就會下地獄。

有一次，葛茲密斯就問主日學老師：「回教徒會上天堂還是下地獄？」老師說：「他們會下地獄。」「那日本的神教信徒呢？」「會下地獄。」「那佛教徒呢？」「當然也會下地獄啊！」

「啊？那麼多人都會下地獄啊？」葛茲密斯不解地問道：「那

激勵小語　人與人之間，或有不同，但不代表不對。

屬於羅馬教會的天主教徒呢？」堅信基督教的老師說：「可能還是會下地獄！」

「那我們浸信會的信徒呢？是不是都會上天堂？」葛茲密斯問。

「不，不是每個信徒都能上天堂！」老師說。

愛問問題的葛茲密斯聽了，用數學算來算去，也比對了全世界的人口和地區宗教信仰，他用最寬鬆的標準計算，得到了一個粗略的答案——

「上帝所創造的人類中，約有百分之九十五的人，死後都要下地獄！」所以，葛茲密斯想一想，又對主日學老師說了一句話：「上帝簡直比希特勒還壞！而希特勒已經是歷史上最壞的人了！」

當然，誰能上天堂，我們不是上帝，真的不知道；而誰會下地獄？我們不是上帝，也無法論斷。所以，《聖經．馬太福音》說：「你們不要論斷別人，免得你們被人論斷。」

當我去到埃及，看了那麼多的回教徒，天天五次膜拜真主阿拉，或在齋戒月虔敬地禁食禱告、朝聖，我非常驚訝；因為，他們堅定的信仰和虔誠度，絕不輸給其他的基督教、天主教或佛教啊！而回教徒們也都堅信，自己能上天堂啊！

於是，我學習到，不要去批評「不同的宗教」，畢竟人不是上帝，人真的很微小。同時，也不要去批評「不同思維的人」，例如同性戀，畢竟他們有自己喜歡的情愛對象；他們天生的生理傾向，或許與常人不同，但也都是上帝所創造出來的呀！

所以，人與人之間，或有「不同」，但不代表「不對」！

我們都要學習互相包容、彼此尊重，也看到別人的好、別人的優點；因為，我們不喜歡的人，或許他們比我們還優秀，比我們更傑出、更有人緣呢！

激勵小語 人不是上帝，不要去批評「不同的宗教」。

- 真心愛人的人，永遠不會孤單
- 要膝下承歡，切莫深夜奔喪
- 她睡一覺醒來，是十六年……
- 當白雲飄過，那是我想妳的痕跡……
- 愛情的第一課，就是好聚好散

PART 4

真正的愛，是讓對方快樂

真心愛人的人，永遠不會孤單

「愛人者，人恆愛之」

想要別人喜歡我們，
就要先去喜歡對方！
因為，只要先釋出善意，
先真心喜歡對方，
對方也一定會有善意的回應。

在英國，有個六十一歲的計程車司機貝蕭，他在三十四年前到香港服兵役；那時，他的妻子和他感情不睦，趁著他遠赴香港時，就帶著三個小孩離開了他。

當貝蕭退役、回到英國時，妻子和孩子都已不見蹤影，只剩下自己孤苦伶仃一個。從那時候開始，他再也沒和妻兒見過面，也不知道他們身在何方？

後來，三十多年過去了，貝蕭一直以開計程車為業。有一天，他在南英格蘭的路上載到一對男女；這對男女上車之後，女子就對男友輕聲咬耳朵，說：「你看，這老司機跟你同姓耶！」

「這有什麼了不起，同姓的人很多啊！」男友覺得很稀鬆平常。可是在和貝蕭聊過，也聽了他的故事後，坐在車後座這名男子，突然很正經地對老司機說：「對不起，我相信，我就是你的兒子！」

「什麼？你是我兒子？」貝蕭一聽，嚇了一大跳，心臟差點跳了出來！

激勵小語　先釋出善意，一定會收到善意的回應。

他急忙把車停了下來，三人到附近的咖啡廳詳談。在確定是載到自己闊別三十四年、未曾謀面的兒子時，老司機貝蕭不禁和兒子緊緊相擁、大聲痛哭！

老司機說，在命運捉弄下，他根本不知道妻兒的下落；而三十四年過去了，他失望了，也從來沒想過會再見到愛子。這……這真是天上掉下來的禮物啊！在意外相逢之後，他們發現，長時間以來，父子倆的住處才隔幾條街而已，但三十四年來，他們卻未曾見過面。

命，讓他們分離；運，卻讓他們相遇。真是「人生如戲」呀！

另有一女孩塔瑪拉，在美國紐約霍夫特拉大學唸書；當她走在校園時，常會有陌生人對她微笑、揮手，甚至問好，好像跟她很熟識似的。塔瑪拉對這樣的情況，一直覺得很茫然，因為她根本就不認識這些向她問好的人呀！

一天，在塔瑪拉二十歲的生日派對上，有朋友的朋友看到她，就對她說：「塔瑪拉，妳知道嗎？我認識一個叫安翠雅娜的女孩，她長得跟妳一模一樣！」

雖然已經習慣被人誤認，或說她很像某某人，塔瑪拉還是覺得有點煩。不過，這個朋友仍不死心，他在查證之後，發現塔瑪拉和安翠雅娜都是出身自墨西哥，而且同一天生日，也都被美國家庭收養。

原來這兩個女孩是「雙胞胎」。因為家境貧窮，一出生就分別被領養——塔瑪拉被猶太人收養，住在紐約曼哈頓的公寓；安翠雅娜則被天主教徒收養，住在紐約長島的獨幢洋房。她們各自生活了二十年，都以為自己是「獨生女」，從來不知道有個孿生姊妹的存在。

這有如電影「天生一對」的劇情在真實生活中上映了！失散二十年、不曾相見的姊妹，在見面的前一刻，甚至緊張到想打退堂鼓，所幸身邊友人不斷地打氣、鼓勵，才讓這對姊妹得以相會。

然而，這對姊妹在相處一段時間後，似乎有些不適應，但經過慢慢地摸索，彼此調適心情；後來有娛樂公司徵選舞群時，姊妹倆還一起報名應試，決定攜手舞向美妙的未來人生！

而在地球的另一端，類似事件也曾在台中上演。前不久，《聯合報》有篇報導，說有個男學生因為「認錯人」，一句「妳很像我學姊」，意外幫自己學姊找到失散二十二年的雙胞胎姊姊。

不久，電視媒體後續追蹤報導，在妹妹的訂婚典禮上，記者還發現，原來這妹妹的另一半也是雙胞胎！若不是靠身上禮服來區別，連親友都分不清誰才是真正的新郎和新娘。

哈！那畫面真是感人又逗趣，讓人看了也為她們姊妹倆的重逢，以及妹妹找到幸福歸宿，感到開心不已。

命運，總是讓人無法理解。就像本文中的父子、姊妹，以往始終互不相識，可是，命運卻讓他們重逢了！而台灣與大陸，過去也彼此敵對、互不往來，但現在有近百萬的台商在大陸工作，互相交流，甚至男女通婚者，比比皆是。

然而，因著兩岸長期以來缺少互動，所以就產生一些文化差異；一直住在台灣的人，一到大陸，雖然語言相通，有些說法卻不同。例如，台商到大陸餐廳裡吃東西，就問道：「服務員，有沒有免洗筷？」

「什麼是免洗筷？那叫一次性筷子啦！」餐廳女侍笑笑地說。

也有到大陸唸大學的台灣學生，準備搭公車去上課，就問附近的路人：「請問您，公車要在哪裡搭？」

可是路上都沒人理他。後來，一名老婦人一臉不耐煩地說：「要搭『公車』（公家的車），就到區政府去找；要搭『公交車』（公共交通車），就直直走，右轉，再左轉就到了……你聽懂了嗎？」

人與人之間，缺少往來、缺乏溝通，就會產生隔閡；不過，一旦心扉打開、展開雙臂、相互接納，雙方的嫌隙和隔閡就會逐漸減少了。

所以，想要人際關係好、想要別人喜歡我們，第一條件是——「先去喜歡對方！」只要先釋出善意、先真心喜歡對方，對方也一定會有善意的回應。

因為，真心愛人的人，永遠不會孤單、寂寞！

而且，「愛人者，人恆愛之呀！」

激勵小語　想要別人喜歡我們，就先去喜歡對方。

要膝下承歡，切莫深夜奔喪

愛，是加法、乘法，
是一條出路

我親愛的孩子啊，
你們要活潑、健康地活下去，
媽媽一定要「撐到最後一刻」，
要看到你們不再受風寒、
不再有飢餓、
不再有哀鳴呀……

在台南縣歸仁鄉，有一位關懷流浪動物協會的周姓志工，經過一座高架橋涵洞時，聽到小狗斷續的低鳴聲，他以為聽錯了，就騎車離去。可是，隔天再度經過涵洞時，又聽到狗的哀叫聲，於是他決定下車去探個究竟。不料，他發現距離涵洞口十多公尺處的爛泥沼裡，躺著一隻重傷的母狗，而牠身旁還有數隻剛出生的小狗。

周先生眼見母狗的下半身，已浸在污水中多時，身子幾乎僵硬，無法動彈，十分可憐，想了一下，就彎身鑽進約僅四十公分高的涵洞，趴在漆黑的泥沼中，一步步地匍匐前進。他先抓了一隻小狗，退出洞口；再匍匐前進，又抓了一隻小狗，緩步退出……

就這樣，周先生前前後後在爛泥中匍匐進退十一次，救出了十一隻剛出生的小狗；最後，又再匍匐回到涵洞內，將垂死的母狗拉出泥濘的涵洞。

周先生滿臉污泥和汗水，緊急將十一隻剛出生的小狗，送到中華護生協會的護生園區，請求暫時收容；接著，他又將受重傷的母狗快

激勵小語　父母對孩子的愛，絕對是真的！

速送到醫院急救。

周先生從母狗的傷勢研判，牠可能是誤踩捕獸夾而受創！因為那座高架橋附近有許多甘蔗園，農民常裝設捕獸夾來捕捉老鼠；而這隻懷孕的母狗，應該是在誤觸捕獸夾受傷後，被人丟進涵洞裡！浸泡在積水、爛泥之中，使母狗的傷口因感染而潰爛，但牠仍忍著疼痛，爬到較安全的地方，將小狗一一平安地生下來……

在護送母狗就醫途中，周先生將十一隻小狗已獲得安置的事「告訴母狗」。此時，下半身受傷、潰爛、全身僵硬、口腔肌肉亦緊閉的母狗，使出最後的力氣，用力哼叫了兩聲，似乎表示「我知道了」，還搖一搖下垂的尾巴，向周先生表達「謝謝你」的心意！

之後，母狗全身無力、奄奄一息地靜靜躺著。周先生流著眼淚，抬手輕輕地碰了牠的眼睛，而母狗像是知道任務已完成，十一個孩子

已經獲救了，才安詳地闔上眼睛、斷氣。

母愛，是世界上最偉大的愛，不管自己如何病痛，總要讓自己的孩子能平安、快樂；儘管自己全身僵硬、傷口潰爛，但，孩子啊，你們要活潑、健康地活下去！媽媽一定要「撐到最後一刻」，要看到你們不再受風寒、不再有飢餓、不再有哀鳴呀……

品人生．微講堂

報載，有一位二十八歲的美籍青年佛瑞德，平常在台北某補習班教英文，放假時前往花蓮太魯閣一帶旅遊，可是卻突然失去聯絡，宣告失蹤。佛瑞德六十五歲的母親芭芭拉，從阿拉斯加趕來台灣，每天焦慮地到處尋訪愛子的下落，卻一直都沒有消息。

這位疼愛孩子的母親，每天胸前掛著貼有佛瑞德照片的大紙板，在大街小巷中、在車站人潮中，一一詢問路人：「你有沒有看過這個人？」「你看過我的孩子嗎？」可是，八、九個月過去了，這老媽媽仍是一無所獲，也不太有人理會她。她告訴記者，她已經變賣家產，她一定要找到愛兒之後，才要返回美國。

看到這思子心切的慈母，前往市政府尋求市長的協助時，我的心真的好痛；我想，那失蹤的年輕人，若是我的孩子，此刻我會是多麼地悲慟呀！

然而，現在有些青少年，不喜歡父母關心、叨唸和規勸，動輒離家出走，毫無音訊，讓父母心焦如焚、傷心欲絕！也有些成年人，與父母有所衝突，就多年互不往來，甚至連過年過節也不回家。

最近，有個朋友的母親因癌症過世了；喪事辦完之後，她感慨地說：「我們人要膝下承歡，切莫深夜奔喪呀！」

的確，兒孫們在長輩健在時，須多多孝順；一旦他們過世了，

激勵小語 愛，是加法、乘法，是一條出路。

再多的哭奔、祭拜、大場面的出殯陣仗，也都毫無意義了。

所以，在兩代的溝通中，子女與父母或有衝突，但，子女即使自認有道理，事後還是要「在父母面前先低個頭」，先讓老人家心平氣和才是！因為，在一家之中，哪有什麼大是大非，非得爭論出「我對你錯」不可呢？

「愛，是加法、乘法，是一條出路；

恨，是減法、除法，是一條死路。」

真的，對於父母，我們唯有感恩，因為，男女的情愛有時會是假的，但父母對孩子的愛，卻絕對是真的！

她睡一覺醒來，是十六年…

珍惜
「握在手掌心的幸福」

有時，我們真的覺得，
爸媽很沒道理、很莫名其妙，
我一定要據理力爭，
爭出一個「對錯」和「道理」來；
可是，凡事若都一定要爭出個「對錯」，
很可能是一項「盲點」呀！

在美國的新墨西哥州，有個婦人名叫派翠西亞，在剖腹產下第四個小孩時，肺部出現一個血塊，造成腦部缺氧而停止呼吸；經過搶救，她的命雖然救了回來，可是卻陷入「昏迷狀態」。這一昏迷，就是十六年，她，躺在床上，對這個世界毫無知覺、也沒反應，簡直就像是個植物人，不會說話、不會吞嚥，也沒有任何動作。

派翠西亞產後的狀況，使全家陷入愁雲慘霧之中，不知該如何是好？後來，她的丈夫在妻子昏迷三年之後，向法院訴請離婚獲准。

然而，就在昏迷十六年後的一個耶誕前夕，一直住在安養院的派翠西亞，突然自己醒了過來，對兩名正要鋪床的護士模糊地說：「不要鋪床……」

天哪，派翠西亞這一開口，把護士們嚇死了！她十六年來毫無知覺，未曾張開眼，動都沒動，怎麼忽然間會說話了？

Album.

連醫生也無法解釋，為何現年四十二歲的派翠西亞，會在昏迷十六年之後自然醒來；而她高興不已的母親則直說：「哇，這是上帝的恩典與耶誕奇蹟！」

您知道嗎？派翠西亞這一醒來，她整個世界都變了——當年她難產剖腹生下的兒子，如今是留著長髮的十六歲俊秀少年；而她的長女辛蒂，也已從北卡羅來納州大學畢業，是位二十六歲的高眺女孩。

看到四個孩子都平安長大，派翠西亞緊緊握了十六年的雙手，也自然地放鬆開來。她躺在床上微笑，開心地凝視著身邊四個子女——「孩子啊，這十六年來雖然我腦中一片空白，不知世界發生了什麼事，可是當我醒來，看到你們每個人都健康長大，漂亮、英俊，媽媽真的已經心滿意足……」

而在十三年前已經訴請離婚的丈夫，在得知妻子昏迷多年醒來之後，一臉不可思議地說：「真的嗎？她醒來了嗎？如果派翠西亞想跟我重建關係，我就在這裡，我願意和她再續前緣！」

英國廣播公司（ＢＢＣ）曾經報導，家住在南威爾斯的十五歲少女范德，在過去一年半之中，老是覺得昏昏欲睡，不但無法上學，而且多半時候全身無力，連下床都很困難。

醫生絞盡腦汁，卻查不出她有什麼病，只能推斷她得了「慢性疲倦症」，才會天天昏睡。不過，范德的母親不肯放棄，查遍各種醫學文獻，發現過去有人因裝了牙套，而發生類似症狀。

後來經一位牙醫專家檢查，證實范德得的怪病，果然肇因於嘴裡的「牙套」，才會影響體內免疫系統，也影響她牙齒的生長方向、阻礙腦部血液流通，造成身體虛弱、整日昏睡！

拿掉牙套後，症狀即減輕許多，范德總算可以清醒地出門和朋友玩樂了！

不管昏睡一年半，或昏迷十六年，都是令人擔憂、難過的。尤

激勵小語　凡事都要爭出對錯，很可能是一項「盲點」。

其一家的女主人，若有病痛、昏迷，更會讓全家人陷入手足無措之境。

前些天，我在一所私立大學演講完之後，有個女生怯怯地走到我身邊，緊握著雙手對我說：「戴老師……你的演講真好，讓我很感動！」

簡單對應後，這女生欲言又止、微微顫抖地說：「老師，我昨天晚上跟我媽媽吵架，吵得很兇……今天聽了老師的演講，使我有很多的反省，可是我不知道該怎麼辦？」

我問這女孩：「妳一學期學費多少？」「五、六萬元。」「那一個月的生活費呢？」「七、八千元。」我再問：「妳自己賺過錢嗎？」這女孩搖搖頭。

「妳知道賺錢很辛苦是不是？即使是一百元，也很不容易哦！」

我對這女孩說：「不管妳對不對，妳今天回家時，先向媽媽說『對不起』，好嗎？不管妳是多麼有道理，妳都不要讓媽媽難過……媽媽養妳，賺錢供妳唸書，真的很累、很辛苦啊！妳先向媽媽低頭道個歉，讓媽媽心情好過一些，好嗎？」

這女孩，眼中含著淚水，抿著嘴，向我點點頭說：「好，謝謝戴老師！」

有時，我們真的覺得爸媽很沒道理、很莫名其妙，我一定要據理力爭，爭出一個對錯、爭出一個道理來！的確，做人做事講道理是一項「優點」，但，凡事若都要爭出個道理來，卻是一項「盲點」啊！

其實，我們都要珍惜「握在手掌心的幸福」，就如同老舍先生所說：「失去了慈母，就像花插在瓶子裡，雖然還有色有香，卻失去了根。」

激勵小語 要學著珍惜「握在手掌心的幸福」。

當白雲飄過，那是我**想妳的痕跡⋯**

美麗的愛情，
需要包容與尊重

真正的愛，是用整個生命，
去愛、去探索、去追求；
我們若把愛情趕出生活，
生活就會索然無味呀！
而且，一旦愛情進入了低潮，
生命的河流，就會趨於枯竭！

美國有一名年輕士兵詹姆斯．布拉西，在部隊當兵時寫了一封潦草的四頁情書給妻子；寫完後，將情書投在軍營的郵局裡，就忘了這件事。

可是，經過四十六年，也就是近半個世紀之後，現年已經六十八歲的詹姆斯太太——莎莉．布拉西，竟然在維吉尼亞州的家裡，收到了這封「遲到多年的情書」。

天哪，怎麼搞的？怎麼會突然收到這封「如假包換」的情書呢？寫這封情書的老公，現在已經是七十歲的老人了；而這對老夫妻，才剛剛慶祝過他們的「金婚」——結婚五十週年紀念日！

當莎莉老太太接到先生在四十六年前，也就是一九五五年一月二十八日寫的這封信時，她的心怦怦跳，感動得眼淚奪眶而出！我的老天，這封情書又舊又黃，居然寄了快半個世紀才收到！此時，老太

激勵小語　真正的愛，是用整個生命去愛。

太突然像一位剛墜入情網的妙齡少女，緊抱著先生穿軍服的照片和信，久久不放，眼淚也不停地在眼眶中打轉！

莎莉老太太開玩笑地說：「我告訴孩子和孫子，他們可以讀這封信的前兩頁，但後兩頁……比較肉麻……只有我一人可以看……那時，我們都太年輕了！」

可是，這封信怎麼會寄這麼久呢？原來它被丟放在郵件室的兩堵牆壁之間，後來軍營遷移，情書就躺在「廢棄」的郵件室裡。多年後，建築工人在拆除軍營、打掉牆壁時，發現了四封零星的信件；而郵局人員經過一番費心查訪，才將信件輾轉送達莎莉老太太的手中。

哇，這真是奇妙的際遇啊！半世紀的戀情、年輕時的甜蜜感情，彷彿就在昨日，歷歷在目呀！

另外，一九四九年在英國倫敦，有一對瓊斯夫婦，於教堂內舉行盛大的婚禮；當時，有一位專業攝影師，自告奮勇用那時候最先進的攝影機，為他們拍下了溫馨、甜蜜的婚禮場面。

那個時候很少有人會用攝影機，而且要看拍好的影片膠卷，也需要有放影機才行！瓊斯夫婦並沒有這種電影院才有的放映設備，所以就沒有買下這卷十六厘米的攝影膠卷；而攝影師也因工作繁忙，就把拍好的膠卷一直放在貯藏室裡。

五十二年過後，攝影師的孫子在清理爺爺的貯藏室時，突然發現一大卷年代久遠、不知是啥的膠卷，就把它翻錄在錄影帶上。現年已經八十歲的老攝影師史密斯看了，想了好久，終於想起——「啊，那是我年輕時幫瓊斯夫婦拍攝的結婚典禮畫面啊……」

後來這些膠卷被送到瓊斯夫婦手上時，當年二十一歲的美麗新娘，現在已經是七十三歲的老太太了！而這足足「遲來五十二年的婚禮影

激勵小語 若把愛情趕出生活，生活就會索然無味。

片」，讓老瓊斯夫婦看得老淚縱橫、激動不已！

在老祖母的那個年代，要看個電影是多麼不容易啊！更何況，要自己在影片中當新郎、新娘，更是不簡單！如今，這個「天上掉下來的禮物」，真是太意外、也太珍貴了！想想，老夫婦和兒孫們一起觀賞「五十二年前的婚禮實況」，是多麼溫馨感人啊！

品人生．微講堂

每到情人節時，年輕人都喜歡用手機、簡訊來傳情意；許多在簡訊或網路上流傳的綿綿情話，不知是誰發明的，都很有創意、又搞笑，例如：

「因為妳，我相信命運；
因為妳，我相信前世今生。
也許，這一切都是上天所注定，
冥冥之中，牽引著我們倆。
現在的我，真的好想說——
我上輩子，到底是造了什麼孽呀，怎會認識妳！」

「我把妳的名字，寫在天空裡，可是被風吹走了；
我把妳的名字，寫在沙灘上，可是被海沖走了；

我把妳的名字，寫在每一個角落……幹，我被警察抓走了！」

「當白雲飄過，那是我想你的痕跡；
當陽光閃耀，那是我想你的感覺；
當雨水落下，那是我想你的證據；
當雷電交加，那是我向上天祈求你被劈中，哈哈！」

美麗的愛情，需要真心經營，彼此包容、相互尊重，也對心愛的情人「謝在心中口常開」，才能讓感情永續綿延！

所以，真正的愛，是用整個生命去愛、去探索、去追求；我們若把愛情趕出了生活之中，就趕出了快樂，生活就會索然無味呀！而且，一旦愛情進入了低潮，生命的河流，也會趨於枯竭，不是嗎？

激勵小語　謝在心中口常開，才能讓感情永續綿延。

愛情的第一課，就是**好聚好散**

真正的愛，不是佔有，
是給對方快樂

「愛情像發高燒，
它的來去，都不受意志的控制。」
真的，即使是深仇大恨，
也可以雲淡風輕呀！
更何況，是曾經彼此相愛的戀人……

美國堪薩斯州有一名女子，因故與男友發生衝突，兩人在公寓裡大吵一架！

衝突過後，男友想重歸于好，就溫柔地親吻女友，畢竟吵架歸吵架，兩人還是有感情的。可是，這名女子怒氣未消，不願意那麼快就和好，所以當男友親吻她時，就狠狠地、很用力地把男友的舌頭咬下了一大塊。

您知道嗎？男友的舌頭被咬得掉了下來，痛得哇哇大叫，滿嘴鮮血，急著在地上找舌頭！而在巨痛之中，男友憤怒地將女友推倒在地，並毆打她！

當警方接獲報案趕到現場時，趕快將男子和撿起的舌頭，一起送往醫院救治。不過，舌頭被女友咬斷，即使能接回去，恐怕說話也不會像以前那麼靈光，日後再吵架，也沒辦法吵得那麼「流利」了！

後來，警方將這對情侶一起逮捕，男的被控犯下「家庭暴力罪」，女的則被控犯下「嚴重攻擊罪」！唉，由愛生恨，真是兩敗俱傷、得

激勵小語　不要對立，要對話。

不償失呀！

而在五光十色的紐約市，也是有許多千奇百怪的「男女情愛終結事件」發生。

一天凌晨三點左右，一個五十一歲、名叫羅斯福的男人，因一直找不到女友安娜，就到街上餐廳、酒吧裡四處尋找。後來，皇天終於不負苦心人，這男人真的在酒吧裡找到安娜。

可是，這重達「一百公斤、芳齡四十」的安娜，當時正和另一個男人有說有笑，模樣十分親熱，看在羅斯福的眼裡，心裡很不是滋味。於是，妒火中燒的羅斯福，立即衝進酒吧，與安娜大吵一頓，兩人發生嚴重拉扯、口角。

後來，羅斯福實在太生氣了，就重重地揮了兩、三拳，把安娜的門牙打掉兩顆，害得她滿口是血地趴在地上找門牙！而後，重達一百公斤的安娜，也不是省油的燈，立即展開反擊！一出手就把羅斯福推倒在地，將一百公斤的肥肉壓坐在男友身上，然後用腳上「十二號粗的高跟鞋」，狠狠地在羅斯福頭上、身上拚命捶打！在一陣瘋狂亂打之後，血肉之軀終於不敵高跟鞋，男友竟被尖尖的高跟鞋活活打死、一命嗚呼！

事後，安娜被警方逮捕，而她被控告的罪名是「殺人」，以及「持有犯罪武器——高跟鞋」。

唉，感情要美好，是多麼不容易呀！要叫我們去咬掉人家的舌頭，我們哪敢呀？感情再怎麼決裂，也不需要去咬掉人家的舌頭、或割掉人家的命根子呀！

再說，要脫下高跟鞋去捶打人家，甚至把人活活打死，這是多麼「高難度的動作」呀！但，人為什麼要這麼兇狠、不手下留情呢？唉，

激勵小語 **憤怒，是片刻的瘋狂，不能不慎。**

人抓狂了嘛！失去理智了嘛！

「憤怒，是片刻的瘋狂」，人不能不慎啊！

品人生・微講堂

其實，愛情的第一課，就是男女雙方都要有共識——「好聚好散」。

的確，感情的問題，課本上沒有教，考試也不會考，可是，現實生活中的「情緒管理」與「衝突處理」，都是我們要自己學習的必修功課呀！

在職場中、在生活中，每個人都會遇到不如意的事，可是，我們都要學習——「不要對立，要對話！」人一對立，摀住耳朵，就聽不進對方在想什麼；但，只要張開耳朵，傾聽對方的心聲、體諒對方的心情，誤會和衝突就會減少。

或許，男女雙方緣已盡了，但，好聚好散，也是很好的結局呀！有時，想一想，「放手吧，不出惡言，留給別人餘地、留給別人一個空間」，不也是人生很美麗的一段歷程？

真的，即使是深仇大恨，也可以雲淡風輕呀！更何況，是曾經彼此相愛的戀人。所以，真正的愛，並不是佔有，而是讓對方快樂！可是，這真的不容易呀！

法國文學家司湯達在《論愛情》中說：「愛情像發高燒，它的來去，常不受意志的控制。」

不過，我們還是要學會愛人，學會懂得愛情，學會做一個幸福的人；當波濤的愛情結束時，不妨友好、理智地分手，並輕淡地說一聲「再見」！

激勵小語　要學會愛人，學會做一個幸福的人。

- 每人身上都有「鑽石和寶藏」
- 我的疱疹是不是在你那裡？
- 人要「窮中立志、苦中進取」
- 他被判罰當眾拔下兩顆門牙
- 活著呼吸，人生才能回甘

PART 5

知足常樂，生活就是甜的

每人身上都有「鑽石和寶藏」

為自己訂定一個「天才計劃」

「習氣」有好、有壞，
也有感染力和慣性；
若「惡習」的力量勝過「理性」，
就會使人懈怠、墮落！
所以，「做事不以聰明為先，
而是以盡心盡力為要。」

在巴西，有一個惡名昭彰的「聖保羅．卡蘭迪魯監獄」，它是南美洲最大的監獄，裡頭關著數千名囚犯，包括各地黑社會老大，或因強盜、偷竊、偽造文書、詐欺……入監的受刑人，可是，這些「各路英雄好漢」都不笨，也都各有專長，所以獄方認為，如果只是將他們長期監禁在牢房裡，可能會埋沒他們一身的「才華」。

因此，該監獄為了協助犯人自新，就訂了「監獄天才計劃」，盡量挖掘獄中犯人的各種潛能。而這項計劃實施兩年下來，有兩個「搶劫大盜」意外爆紅！

為什麼呢？因為這兩個同住在一囚室的搶劫犯——德克斯特和亞夫羅斯，兩人很會唱歌，尤其擅長黑人青少年最喜歡的「饒舌歌」；於是，獄方就訓練他們，並以兩人牢房編號「509-E」，做為「饒舌二人組」進軍歌壇的名稱。

這兩名「大盜歌手」在獄警的陪伴下，離開監獄外出表演，也接受電台的訪問和錄音，慢慢地，喜歡他們的歌迷愈來愈多，名氣也愈

激勵小語　態度若改變，習慣就會改變。

來愈響亮。後來，他們還上了電視節目表演，把他們的歌唱天分發揮得淋漓盡致；每當他們在台上表演時，台下的歌迷，情緒都瘋狂high到最高點！

在聲名大噪、成為名歌星之後，這兩名「大盜歌手」還發行了ＣＤ唱片，首張ＣＤ就賣了三萬多張！當然，他們所唱的歌曲都賦有教化功能，宣導青少年和歌迷不要吸毒、犯罪，不要以身試法！所以，他們唱的歌詞是這麼寫著：

「犯罪與毒品，只會帶你走進監獄、墳場和毀滅；

監獄是地獄的房間，不要讓它成為你最大的敵人……」

每當這兩名「大盜歌手」在台上表演時，都穿著寬大的褲子、戴上棒球帽、超大的Ｔ恤和運動鞋；他們在舞台上嘶吼、奔跑、律動，洋溢著陽光般的朝氣，所以巴西中低階層青少年都以他們為「偶像」！

不過，即使他們人氣再旺，晚上還是要回到監獄牢房，繼續服刑，直到刑期屆滿為止。

該監獄典獄長賈尼瑞說：「人在失去自由時，也失去了尊嚴；而要化解一個人潛在危險情緒的最好方法，就是重建他的自尊！」也因此，開發囚犯潛能，就成為該監獄的首要目標，不管是在音樂、烹飪、繪畫、電腦、寫作或運動等各方面。

真的，每個人的身上都擁有「鑽石和寶藏」，那就是自己的「潛力和能力」；只是，有些人懂得辛勤努力地去挖掘、磨礪，有些人卻不以為意、任它平白荒廢。

有時，我們常常羨慕別人家的花園、草地十分漂亮，可是，卻很少努力去「整治自己的花園、草地」，不是嗎？所以，我們都應該為自己訂定一個「天才計劃」，進而努力執行呀！

品人生·微講堂

曾有兩名長期住在漁村的賣魚婦女，一起外出投宿在充滿花香的民宅，可是兩人躺在床上，卻怎樣都睡不著，最後她們拿出魚簍，聞到散在空氣中的魚腥味，才總算滿足地沉沉睡去。

這，就是「習氣」。習氣有好、有壞，也有感染力和慣性；可是，如果我們「惡習」的力量，勝過「理性」，就會使人懈怠、墮落！

所以，「做事不以聰明為先，而是以盡心盡力為要」；就像本文中在監獄裡的犯人，他們都是聰明、有才華的，但一個人總是要「戰勝惡習、步向正途」，才能將上帝所賜的才華展現出來！

「一個人的態度，決定他的高度。」

「一個人的格局，決定他的結局。」

激勵小語　習慣改變，人生就會改變。

我們在學習過程中的態度，如果不積極、不用心，我們怎會有成就？我們想法的格局，如果是短視、膚淺的，那麼我們人生的結局也會是窄小、悲涼的啊！

所以，「心若改變，態度就會改變；態度改變，習慣就會改變；習慣改變，人生就會改變！」不是嗎？

我的疱疹
是不是在你那裡？

人若疏忽小事，
就會誤了大事

「凡大事皆起於小事，
小事不論，大事將不可救。」
的確，小病不醫，
就會成為大病！
所以，韓非子說：
「事以微巧成，以疏拙敗。」

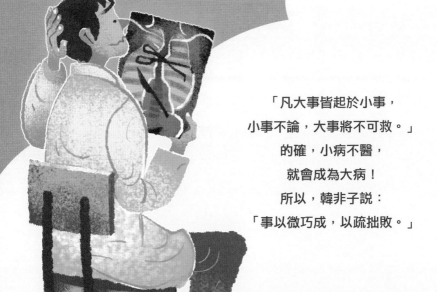

根據美國波士頓醫學研究人員研究指出，美國每年大約有一千五百起「醫生將手術用具、器材遺留在病人體內」的烏龍事件。最離譜的一次是，一名醫生在為五十九歲的患者開完刀之後，就叫老先生住院休養；可是，老先生一直覺得很不舒服，腹部感覺很痛。

「哎呀，開完刀，傷口還沒痊癒，當然會痛呀！你多忍耐吧，過幾天就會好了！」醫生對老先生說。

可是過了一天，老先生的肚子實在痛得受不了，醫護人員推老先生去照X光，卻發現有個東西在他的腹腔裡！而您知道那是什麼嗎？答案居然是——一把金屬的「手術鉗」！

媽呀，怎麼會這麼離譜？太不可思議了吧！醫生在開完刀之後，竟然粗心大意，把那麼大的手術鉗子留在老先生肚子裡，難怪他肚子疼痛不已！

研究人員發現，體內會被醫生留下「紀念品」的病人，以「肥胖者」居多，因為他們有比較多的空間可以容納那些紀念品；而醫生會犯如

此離譜、荒謬的錯誤，並不是過於疲勞，通常是因病人的病情危急，或是在手術台出現突發狀況，使得醫生一時緊張而出錯。

您知道，哪些東西最容易被醫生遺留在病人體內嗎？最常見的是藥棉和繃帶！而這些遺留物，使得病患的組織被撕裂、梗阻或感染，嚴重的，甚至會導致病人因併發症死亡。

一九九四年，美國有一名六歲的男孩塞吉歐，坐在父母駕駛的道奇掀背休旅車後座出遊。車行途中，左側突然遭一輛時速只有八公里的車子撞上！道奇車被撞後翻覆，後方掀背車門因門鎖失靈而打開，塞吉歐被彈出車外，以致頭顱破裂，不幸喪生。

之後，塞吉歐的父母一狀告上法庭，指控該款休旅車設計不良，測試也有不周和疏失，導致掀背車門不能鎖緊，突然彈開，造成孩子的死亡。而因著這項指控，美國交通安全管理局調查，在過去十年間，克萊斯勒和道奇賣出的各型休旅車，至少有三十七名乘客因後門打開，而被彈出車外致死。

也因此，美國聯邦陪審團判決裁定，汽車公司應付出「懲罰性賠償」，總共兩億六千四百五十萬美元（約合台幣七十四億）給孩子的父母。天哪，這賠償金真是「天價」啊！小小的車門門鎖設計疏失，竟然要付出這麼高的懲罰性賠償。

可是，人命是極為寶貴的，也是無價的，所以醫生的一時疏失，或汽車設計者的一不小心，就得賠上高價的賠償呀！

品人生・微講堂

聽說，某個醫專病理科的學生們，上課老是愛翹課、打瞌睡，不把老師看在眼裡。一天，老師發了各種性病的講義給學生，可是大家都沒把它當一回事，有人把講義拿去包便當，有人拿來塗鴉，有人拿來傳紙條……

到了學期最後一堂課，老師宣布期末考的題目，大部分會從發下的性病講義裡出來！天哪，怎會這樣？同學們開始緊張，忙著找那些講義——

「喂，你有沒有愛滋病啊？」

「有啊，我記得我有啊……噢，找到了！」

「奇怪，我明明有梅毒的，怎麼不見了？……」

「喂，我的皰疹是不是在你那裡？……媽的，你拿了我的皰疹也不說一聲，還我還我！」

另一學生在垃圾桶裡找到一張揉爛的紙，興奮地說：「我有淋病、也有菜花，愛滋也找到了，就少了梅毒……」

哈，當然這是說笑話！不過，就是有些人，或是醫護人員迷迷糊糊，才會發生醫療糾紛。

報載，一名二十歲女孩到泰國遊玩，戴的是「拋棄式隱形眼鏡」，可是她玩得太累，沒有摘下眼鏡就睡覺了。隔天起床，她的左眼受到感染，又紅又痛，但也沒立刻就醫，直到痛得受不了，才去找醫生求助。泰國醫生開給她眼藥水，但她點過後仍覺得很痛，所以就乾脆放棄不點了。

等到這女孩五天假期結束，回台灣再去就診，角膜已經出現潰瘍，她的眼睛視力剩不到〇．〇一，幾乎接近失明。未來，她只有靠移植眼角膜，才可能恢復視力！

唐朝吳兢在《貞觀政要．君道》中說：「凡大事皆起於小事，小事不論，大事將不可救。」

的確，小病不醫，就會成為大病！人若疏忽小事，就會誤了大事！而在誤了大事之後，也可能讓自己敗得一場糊塗呀！

所以戰國時，韓非子說：「事以微巧成，以疏拙敗。」

激勵小語 人若疏忽小事，就會誤了大事。

人要「窮中立志、苦中進取」

每個人都要
「秀出最棒的自己」

人，再怎麼貧窮、卑微，
也都要自信、樂觀，
出門走路時，
也都要打起精神、抬頭挺胸！
因為，「自信勝過一切」，
人總要用自信，來創造生命奇蹟呀！

有電視報導說，大陸有一名男子，爬上電線桿，企圖偷電纜線，沒料到，卻觸碰到高壓電，結果整個人倒掛在電線桿上，好幾個小時動彈不得；直到被人發現，報請電力公司切斷電源，才救出這名小偷，撿回了一條命。

而在美國，有個小偷想混進一幢豪宅，大幹一票！可是，豪宅外有保全人員，如何才能進入豪宅行竊呢？

這小偷想了一個妙計，請人把自己藏身在一個大包裹裡，然後將大包裹「快遞」到那幢豪宅！小偷心裡盤算著，這麼一來，他就可以「人不知、鬼不覺」地混入豪宅大肆搜刮。

當這個大包裹快遞到豪宅時，保全人員感覺有點奇怪——怎麼會有這麼大的包裹？裡面會是什麼東西？是大幅畫作嗎？還是石雕作品？或是家具精品？……還是，會不會有炸彈？

保全人員不敢隨便拆開這龐大的包裹，於是找來警察一起勘驗、開啟。可是，正當警方和保全人員仔細端詳這包裹時，紙箱裡突然然冒

激勵小語　人不能怕窮，要「窮中立志」。

出一把利刀……咦？有人在裡面耶！

小偷一邊用利刀把大紙箱切開，還一邊大叫：「噢，我……我快悶死了！裡面都沒有空氣，我快悶死了！」

警察合力打開包裹一看，裡面這名二十四歲的小偷，身藏利刀、手槍，還帶了繩索和滑雪面罩，顯然是有計劃的打算大幹一票！可是，這個笨賊異想天開「快遞自己」，卻讓警察「甕中捉鱉」，毫不費力地手到擒來！

在台北，也有一小偷，曾有吸毒前科，出獄後又侵入吳興街一處民宅行竊。這小偷在勘查過動靜，確定屋主不在家之後，就從後門進入屋內，翻箱倒櫃，得手許多首飾和現鈔！

可是，當他搜刮得差不多，正想離去時，屋主所飼養的四、五隻狗突然大聲狂吠，朝他的所在處衝了過來。小偷一看，苗頭不對，嚇得趕緊躲進儲藏室裡不敢出來。

然而，狗兒也很聰明，看到有陌生人入侵，豈能隨便放他走？所以這五隻黃金獵犬一直守在儲藏室外，不停地狂叫！而小偷躲在儲藏室裡，嚇得屁滾尿流，不知如何是好？

就這樣，小偷被困在儲藏室裡，整整困了六個小時，直到凌晨屋主回家，才終於被發現。後來，小偷當然也是「甕中捉鱉」，被趕來抓人的警察移送法辦！

再來看看英國一名三十四歲的強盜，他隻身到德國去搶劫銀行。

搶銀行，總要有點本事才行。的確，他手腳俐落，身手不凡，在德國期間，總共搶了四家銀行，都是輕鬆得手、從容離去。而且，說來也奇怪，德國的警察都抓不到他，居然讓他一直逍遙法外。

有一天，這名搶匪突然覺得「人生很無聊」，因為德國警察真的好笨，竟然都捉不到他，很不刺激、不好玩！於是，他走在路上臨時起意，攔下了一輛巡邏警車，問裡頭的警察：「喂，你們想不想來點刺激的？想不想逮到一個大強盜？」

「當然想啊！強盜在哪裡？」警察問。

「我就是強盜啊！我搶了四家銀行，你們怎麼都抓不到我，真是太爛、太遜了！」搶匪得意地說。

後來，警察問這搶匪為什麼想自首？他說，警察老是抓不到他，讓他覺得很無聊、很厭煩，不想再玩「官兵捉強盜」的遊戲了，就乾脆自投羅網！

品人生‧微講堂

美國紐澤西州有個女孩，在姨媽過世的半年後，突然收到姨媽寄來的一張生日賀卡。天哪，這是怎麼回事？怎麼姨媽已經死了，還會寄親筆寫的生日卡給她？真是令人毛骨悚然呀！

原來，是當地的一名郵差，覺得每天送的信件太多，把不願送的信件都丟棄在儲藏室裡，有時還拆開郵件包裹，把裡面的東西送給親友。

您知道嗎？這個二十八歲、名叫克拉克的郵差，居然有三年的時間，連續把五萬多封郵件藏起來，以致當地近千戶的居民都收不到信。後來，克拉克被上級查獲，依「盜竊郵件罪」判處五年徒刑和一千美元的罰款！而五萬多封早就過時的信件，這才陸續地送到收件人手中。

「郵差」懶惰、不負責任，把信件丟了；可是，「郵票」本身，可是十分認真負責喲！當郵票被貼在信封上時，就把「自己和任務」緊密結合在一起；雖可能經千里之遙，但它絕不落跑，直到抵達目的地為止，才卸下它的責任擔子。
人，都要學習郵票，儘管被蓋滿了戳章、身上滿是傷痕，但為了榮譽與責任，再疲累也不能懈怠，必須勇敢完成任務，才能歇息！
有人說：「人窮怕志短，人富怕自大！」的確，人在窮時，就怕沒有志向，隨隨便便，到處偷、搶、騙、詐……可是，人不能怕窮，要「窮中立志」呀！人不能怕苦，要「苦中進取」呀！
人，再怎麼貧窮、卑微，也都要自信、樂觀；出門走路時，也都要打起精神、抬頭挺胸、昂首闊步啊！
真的，「自信勝過知識！」——人的「自信、榮譽、責任」，勝過一切課本上的理論和知識呀！
所以，每個人都要「秀出最佳、最棒的自己」，來創造出自己生命的奇蹟，絕不能讓生命太隨便、太馬虎、太迷糊。

他被判罰
當眾
拔下兩顆門牙

莫讓憤怒情緒，
搞壞情勢

「要別人記住我們的好，很難；
但要別人記得我們的壞，卻很容易。」
只要我們一失控、一抓狂，
別人就會私下批評說——
「那個人很情緒化哦！」
「那個人很愛生氣哦！」

中和市有一名劉姓男子，與李姓女友感情不睦，兩人過去的恩愛甜蜜已成過往雲煙，於是女友執意要分手。可是，男方認為，感情投入已有一段時間，豈能輕易說斷就斷？

劉姓男子心有不甘，說什麼也不願分手——我怎能讓妳說走就走？我怎能隨意被妳甩掉？不，不，妳是我的人，我不可能莫名其妙地就讓妳把我甩掉！

可是，女友的意志十分堅定——我一定要走，我非分手不可，我不要再受氣，我受夠了，我不想再跟你這種爛男人在一起！

就在兩方大聲爭吵、拉扯、互罵聲中，劉姓男子實在氣不過，就狠狠地摑了女友一巴掌！

「好，你居然敢打我！我……我跟你沒完沒了，我一定讓你吃不完兜著走！大家走著瞧好了！」女友摸著紅腫的臉，咬著牙，狠狠地撂下重話。

隨後，李姓女友立刻到派出所，指控男友涉嫌傷害，要求警方偵辦。哇，代誌大條了！這種男女爭吵、打架的事鬧到警察局，會變成「傷害罪」耶！

怎麼辦呢？劉姓男子很懊惱，透過友人向李女要求和解。可是，女友冷冷地說：「要和解，好啊，拿一百萬來啊！」

「什麼？打一巴掌，就要一百萬？妳太狠了吧！」

「對，我就是狠，要和解，就是一百萬，少一毛都不行！」李女這回真的豁出去了，不管男友如何低姿態哀求，就是不願意妥協！

後來，經過再三協調之後，這對怨偶終於達成協議——男友簽下「一百萬元債權承認書」，等他將來有錢時再還。當這份和解書送達警察局時，員警們看到嚇人的「一百萬元賠償金」，都瞠目結舌，心想：這一巴掌的代價，實在是太大了！

真的，「憤怒是片刻的瘋狂」，人在盛怒、抓狂之時，總是會失

激勵小語 別讓一時暴怒的情緒，搞壞整個情勢。

去理智，做出讓自己後悔不已的事來。

在沙烏地阿拉伯，有一名五十歲的男子，因與另一名男子發生爭吵，在極為憤怒之下，他撿起地上的石頭，用力扔向對方。

可是，不曉得他是不是有練過投球，他投石頭的準頭，比棒球明星王建民還厲害，不但打傷對方的下巴，還打掉了兩顆門牙。這一球，如果讓裁判來判，不知道該判「好球」，還是「壞球」？但，可以確定的是，這一球，是這男子一生中的「超級變化球」！

為什麼？因為被打掉門牙的男子一狀告上法院，而法官審理之後宣判——秉持「以牙還牙」的原則，打掉別人兩顆門牙的人，必須遭到「相同的懲罰」，而且還要另外處以兩萬一千美元的罰款。

就這樣，丟人石頭的男子被判——在大庭廣眾之下，坐在椅子上，被牙醫「當場拔下兩顆門牙」。

哇，「以牙還牙，以眼還眼」，真是駭人聽聞啊！而這卻是沙烏地阿拉伯嚴厲懲戒的真實案例。

曾有記者訪問美國知名華裔電視主播宗毓華的老公莫拉維奇，問他宗毓華平常閒暇時都做些什麼？是不是跟一般女人一樣，喜歡上街瞎拼購物？

莫拉維奇說：「你們不要亂說，康妮（宗毓華的英文名字）她才不會把所有時間都花在買東西，她至少還花一半的時間在退東西。」哈，真有意思！

另外也有一說——莫拉維奇在回答宗毓華是否愛瞎拼購物時，他說：「你們不要亂講，康妮只有在兩種情況下才會瞎拼！一是她心情好的時候，二是她心情不好的時候。」

哈，「心情好」和「心情不好」時都愛瞎拼，有夠幽默！不過，瞎拼也是一種情緒宣洩的好方式。人在情緒不好時，總需要有個發洩的出口，以避免情緒的狂風，胡亂吹起！

其實，每個人都要「遠離情緒化的形象」，不要被別人貼上「這個人很情緒化」的標籤！就像本文的故事，男女生氣吵架時，相互拉扯、憤怒毆打，或打掉對方的兩顆門牙。

真的，「要別人記住我們的好，很難；但要別人記得我們的壞，卻很容易！」

只要我們一失控、一抓狂，別人就會私下批評說——「那個人很情緒化哦！」「那個人很愛生氣哦！」，不是嗎？

所以，我們都要為自己的情緒負責，也要學習——「控制情緒、掌握情勢」，千萬不要讓一時暴怒的情緒，搞壞整個情勢呀！

激勵小語　不要被貼上「這個人很情緒化」的標籤！

活著呼吸，人生才能回甘

只要留著青山在，不怕沒柴燒

有人問我，

要不要去「高空彈跳」？

要不要去坐三百六十度的「雲霄飛車」？

要不要去坐快速垂直下降的「大怒神」？

不，我不要！我就是膽小鬼，

我不想讓自己「心痛如絞」……

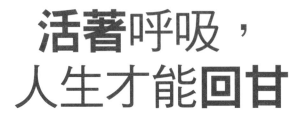

到紐西蘭去旅行時，皇后鎮的「高空彈跳」景點，是不容錯過的一站。那裡是一處風光明媚、山巒翠綠的河谷，底下有卡瓦拉河流過，上面則是一座古老典雅的鐵橋。許多年輕人自橋上一躍而下，享受剎那間飛躍的快感。

事實上，全球很多地方都有「高空彈跳」的戶外活動，可是，為什麼紐西蘭皇后鎮的特別有名？因為，這裡就是高空彈跳的發源地。

當我們到達皇后鎮附近的高空彈跳地點時，大家都很興奮地趕去看翠綠山巒旁的紅色鐵橋。

在橋中間，有教練幫大膽的遊客綁上繩索、勾上鐵鍊，然後用力一推！「哇——啊——」在旁的人大聲驚呼，只見彈跳的人從橋上一躍而下，在即將落水時又被彈起，整個人吊在半空中彈落數回，再由河上等候的橡皮艇接回。

我們這群遊客，大家都只是在旁邊觀望，不敢下去嘗試，畢竟由上往下跳躍七十公尺，我的心臟可能會受不了！真的，我的骨頭老了，心臟不行了，不能冒險去玩這種年輕人不怕死的活動呀！

當我站在河旁半山丘的平台，拍攝這教人心驚膽跳的畫面時，一個外國中年婦人對我說：「請你讓開一下，讓我拍一下照好嗎？等一下馬上要跳的，就是我兒子！」

啊，是妳兒子？那當然，我讓給妳，因為這是多麼重要的一刻！

「哇——啊——」跳了，他跳了！此時，大家的喊叫聲、歡呼聲四起；而看到兒子平安彈跳、拉回時，這老媽也滿臉笑嘻嘻，十分得意、喜悅！

當然，許多活動都有危險性。報載，一名膽大的二十三歲女子，在咱們台灣進行高空彈跳之後，左眼突然一片模糊，但她從上午拖延到下午，才到長庚醫院就診。

經過檢查，發現她的視力中樞黃斑部嚴重出血，影響到鄰近的視網膜等功能；治療一個月之後，她幾乎接近失明，視力殘存不到〇．〇一。而且眼科醫生說，依照目前的醫療技術，這小姐幾乎不可能再恢復視力，她的左眼可以說已經「蹦瞎」了。

另外，一名曾經換過人工水晶體的六十歲老先生，他因身體硬朗、酷愛運動，也跟著年輕人去高空彈跳。可是，當他從高空一躍而下時，原本很興奮的他，突然發現眼睛不太對勁，眼珠子好像快掉出來了，就好像人家台語所說的「脫窗」。

啊？怎麼辦？怎麼才一跳，人工水晶體就整顆脫出瞳孔外？這老先生跳完後，忍著痛，趕到醫院檢查，發現他右眼視力從一．〇驟降到〇．三。還好就醫得早，醫生為他做緊急縫合手術，終於把脫出瞳孔外的人工水晶體重新復位。

眼科醫生表示，進行高空彈跳時，身體會不斷地上下衝撞，其猛烈的衝擊力，會使眼睛出血、水晶體移位，除了影響視力，甚至可能造成失明！所以，民眾應盡量避免這種衝擊力過猛的運動，以免「樂極生悲」。

有人問我，要不要去高空彈跳？要不要去坐三百六十度的雲霄飛車？要不要去坐從高空快速垂直下降的「大怒神」？……不要，我不要！我就是「膽小鬼」，我不想讓自己「心痛如絞」、「嘔吐不舒服」，更不想讓自己「眼睛蹦瞎、脫窗」！

我的原則是，凡事不逞強，遊玩要喜樂、舒服、平安。

我寧可當個「平安、健康的膽小鬼」，不要逞強、好面子，而因突然的意外，成為「肢體殘缺的大勇士」！

大陸廣西省柳州市，有一名九歲的男孩名叫劉恆志，他在參加一次體育趣味競賽中，報名了「伏地挺身」的項目，結果，在眾目睽睽之下，他於二十分鐘之內，連續做了一千兩百個伏地挺身，可能打破世界紀錄。

據報導，劉恆志在四歲時，就可以獨自站在父親的肩膀上；五歲時，就學會騎大人的自行車；七歲時，對伏地挺身特別有興趣，他每天早晚都做兩、三百個伏地挺身，而且每次背上都壓著三公斤重的沙袋，一邊做重量訓練。

當然，每個人的天賦和體能都不一樣，有些人對伏地挺身有興趣，有些人愛好超級馬拉松，也有些人特別酷愛長泳……每個人都受到上天不同的恩賜，都可以依個人的體能和興趣，發展出自己的獨特技能。

當我在紐西蘭旅遊時，一天晚上九點，天還沒暗，我們參觀了山上的高塔，也在高塔上的餐廳用餐；但當我們坐纜車下山時，遊覽車的司機已經先行離開了，而旅行社改換了幾輛計程車讓我們分批乘坐。

咦？遊覽車司機為什麼換了？原來他們的法律規定，司機不得連續開車超過八小時，以免因疲勞過度而危及乘客的安全。

在先進國家，機械的上油、維護和保養，是十分重要的。一旦發現機器運作有異聲，就停止運轉，立刻進行檢查修護，所以他們的機械都能歷久如新！

我們人也是一樣，如果經常抽煙、喝酒，壽命可能減少十歲；經常晚睡、生活不正常，也會讓身體機能大大受損。

人的逞強，人的不知保養，也都會使我們身體折壽呀！尤其，不需要勉強自己，做超過體能的危險運動，讓自己嚇得心臟病發，眼珠子突了出來。

真的，我們都必須了解自己的體能，絕不要逞強做危險的舉動；因為——

「只要活著，就有希望；只要掌握呼吸，就掌握一切！」

我們只要留著青山在，不怕沒柴燒呀！

其實，我們每個人都像是一個月亮，有「光明面」、也有「陰暗面」；有「優勢面」、也有「軟弱面」。但，只要我們保養好自己的身體、充實好自己的智能，就可以讓自己加滿油，快樂上路——快樂地發揮自己獨特的才華和潛能！

激勵小語　只要訂下目標，隨時都可以奮發再起。

國家圖書館出版品預行編目資料

人生有千萬個起跑點 ／ 戴晨志著. -- 初版. -- 臺北市 ： 商周出版 ： 家庭傳媒城邦分公司發行, 2012. 12
面； 公分. -- (ViewPoint ; 59)
ISBN 978-986-272-298-5(平裝)

1.修身 2.生活指導

192.1　　　　101025795

ViewPoint 59

人生有千萬個起跑點

作　　者／戴晨志
內頁插畫／六十九
企畫選書／林淑華
責任編輯／林淑華

版　　權／翁靜如、葉立芳、林心紅
行銷業務／何學文、張媖茜
總 編 輯／黃靖卉
總 經 理／彭之琬
發 行 人／何飛鵬
法律顧問／台英國際商務法律事務所羅明通律師
出　　版／商周出版
台北市104民生東路二段141號9樓
電話：(02) 25007008　傳真：(02)25007759
E-mail：bwp.service@cite.com.tw
發　　行／英屬蓋曼群島商家庭傳媒股份有限公司城邦分公司
台北市中山區民生東路二段141號2樓
書虫客服服務專線：02-25007718；25007719
服務時間：週一至週五上午09:30-12:00；下午13:30-17:00
24小時傳真專線：02-25001990；25001991
劃撥帳號：19863813；戶名：書虫股份有限公司
讀者服務信箱：service@readingclub.com.tw
城邦讀書花園 www.cite.com.tw
香港發行所／城邦（香港）出版集團
香港灣仔駱克道193號東超商業中心1樓_ E-mail : hkcite@biznetvigator.com
電話：(852) 25086231　傳真：(852) 25789337
馬新發行所／城邦（馬新）出版集團【Cite (M) Sdn Bhd】
41, Jalan Radin Anum, Bandar Baru Sri Petaling, 57000 Kuala Lumpur, Malaysia.
電話：(603) 90578822　傳真：(603) 90576622

封面設計／行者創意
版面設計／劉同和
內頁排版／林曉涵
印　　刷／前進彩藝有限公司
總 經 銷／高見文化行銷股份有限公司 電話：(02) 26689005　傳真：(02) 26689790

■2012年12月25日　　Printed in Taiwan
定價260元

城邦讀書花園
www.cite.com.tw

商周出版

廣 告 回 函
北區郵政管理登記證
北臺字第**000791**號
郵資已付，免貼郵票

104 台北市民生東路二段141號2樓

英屬蓋曼群島商家庭傳媒股份有限公司城邦分公司 收

請沿虛線對摺，謝謝！

商周出版

書號：**BU3059**	書名：人生有千萬個起跑點	編碼：

請於此處用膠水黏貼

商周出版

讀者回函卡

謝謝您購買我們出版的書籍！請費心填寫此回函卡，我們將不定期寄上城邦集團最新的出版訊息。

姓名：________________ 性別：□男 □女

生日：西元________年________月________日

地址：________________

聯絡電話：________________ 傳真：________________

E-mail：________________

職業：□1.學生 □2.軍公教 □3.服務 □4.金融 □5.製造 □6.資訊 □7.傳播 □8.自由業
□9.農漁牧 □10.家管 □11.退休 □12.其他________________

您從何種方式得知本書消息?

□1.書店□2.網路□3.報紙□4.雜誌□5.廣播 □6.電視 □7.親友推薦 □8.其他________

您通常以何種方式購書?

□1.書店□2.網路□3.傳真訂購□4.郵局劃撥 □5.其他________________

您喜歡閱讀哪些類別的書籍?

□1.財經商業□2.自然科學 □3.歷史□4.法律□5.文學□6.休閒旅遊□7.小說□8.人物傳記
□9.生活、勵志□10.其他________________

請您寫下閱讀本書的心得、建議或想對戴老師說的話：

請於此處用膠水黏貼